可児 徳

Kani Isao

日本の体育・スポーツのはじまりに関わった教育者

越智久美子

風媒社

可児　徳

第 43 回「中京裁縫女学校」および
第 14 回「中京高等女学校」卒業アルバムより
1937（昭和 12）年 3 月

はじめに

「運動」の訳語として「スポーツ」ということばが、日本において普及したのは、朝日新聞社が一九二三（大正一二）年に発刊した『アサヒスポーツ』以降のことといわれる。[1]

「スポーツとは何か」「なぜスポーツか」「スポーツをすることによって、どのような効果が得られるのか」と、侃々諤々《かんかんがくがく》の議論がなされた時代から約一〇〇年が経過した現在、「スポーツはどうなったか」といえば、すっかり市民権を得て、老若男女を問わず奨励され、いまや政府も「スポーツ庁」を立ち上げ、その普及を国策とまでしている。個々人がスポーツを好むか否かは別にしても。

もっとも、ひと言でスポーツといっても、その目的は、レクリエーションや健康増進といったものから、競技志向の強いものやプロ・スポーツ、教育の手段としてのスポーツ、国威高揚のためのスポーツなどと実に多様である。そして、その成り立ちや社会的な位置づけが複雑になればなるほど、スポーツを取り巻くさまざまな問題が顕在化してきてもいる。

たとえば身近なところでは、まずスポーツをするには、少なからずおカネがかかる。もし、子どもから「サッカーがしたい」「野球がしたい」「ゴルフがしたい」などといわれたら、親はそれ相当の覚悟をしなければならない。中学生、高校生とその競技をつづけ、頑張れば頑張るほど、そこにおカネも時間もつぎ込み、時には人間関係や心の負担を強いられることもある。重ねて次の段階を目指すとなれば、親も一蓮托生《いちれんたくしょう》、ともに夢を追うことになるのだろう。

おカネといえば、スポーツの商業主義化はとどまるところを知らない。プロ・スポーツのみならず、アマチュア・スポーツにも多くのスポンサーが入り、国家規模、国際規模でみても各種スポーツ組織は肥大化し、巨額のおカネが動くビックビジネスになっている。

更に、おカネの問題とも無縁ではないが、「勝利至上主義」もスポーツの弊害として、たびたび問題視される。「これは遊びじゃない、真剣勝負だ、勝たなきゃ意味がない」とばかりに、窮地に追い込まれたり、ちょっと思い通りにいかなかったりしただけで、感情のタガが外れた先にある暴力やハラスメントも後を絶たない。

一方、メディアやゲーム機の普及、忙しい親の生活スタイル、習いごとの低年齢化などが合わさって、子どもの外遊び時間や体力は低下傾向にある。スポーツ庁は前の年に比べて体力や運動能力は向上したと報告しているが[2]、そのような短期的な話ではなく、もっと長い視野で、親世代と比べると、体力はやはり低下している[3]。中学校の多くの先生は、これ以上自らの健康が脅かされるのは御免《ごめん》とばかりに、ことに部活の担当を引き受けたがらなくなっている[4]。

スポーツをする人、しない人、できない人、したくない人、支える人、さまざまな人たちがいるだろうが、これらスポーツをめぐる諸問題の根っこは戦前期にある。そう、「スポーツ」ということばを使いはじめた大正期もそうだが、それ以前の明治期から解決をしないままに、引きずりつづけてきた問題たちである。なかには答えの出ない問いもあることだろう。しかし、折々《おりおり》問い直すことは必要である。もし、スポーツに関して何らか思い悩んでいる人がいるとしたら、その糸口を探す歴史の旅をしてほしい。

本書では、日本の体育・スポーツの創設期に関わった可児徳《かにいさお》という人物に注目して、ゆらぐ戦前期の学校体育や体育界の模様をみていきたい。

可児徳は、これまで人物事典やインターネット上でも、ほんのわずかに、「日本にドッチボールを伝えた人物」として取り上げられてきた程度であった。子どもたちの遊びとしてドッチボールはすっかりおなじみになっているが、可児徳は無名といってもいいほどにスポット・ライトが当たることのなかった人物である。

しかし、可児徳は、「スポーツ」ということばが日本で使われる以前の、「遊戯」や「競技」ということばしかなかった時代から、この分野の先頭を走ってきたパイオニアのひとりである。ドッチボール、バレーボール、バスケットボールしかり、ボールを使った遊びを精力的に日本に紹介し、戦前期に数多くの体育教員を育ててきた人物である。

一九六四（昭和三九）年一〇月、可児徳は明治期から学校体育や体育・スポーツ界をリードした唯《ただ》ひとりの現存者として、東京オリンピックの開会式に特別招待され、それを見届け、一九六六（昭和四一）年九月、九二歳にしてこの世を去った（附録1）。

いま、私の手元には、一九〇一（明治三四）年から一九三三（昭和八）年までの、三〇年以上に亘る期間に可児徳が書き残した公刊物がある。著書（共著書および訳書を含む）が三五冊、教育雑誌や体育雑誌、新聞への掲載記事が五一本である（附録2）。多くの文章をひも解いていくと、可児徳は自ら問いを立て、その答えを探しつづけているかのようである。「学校の体育は何をおこなうことが必要なのか」「なぜ、それをおこなうのか」「体育の教員はどうあるべきか」「男子と女子とでは、体育やスポーツをおこなう際に如何なる相違があるのか」「体育やスポーツの先進国である欧米諸国の状況は」「画一的な体育教育に対し、如何に自主的な体育教育をつくり出せるか」「学校体育の主導権は誰が担うのか、教員か、軍人か、生徒たちか」などといった問いである。

戦前期という国民に主権がなかった時代、教育界にもいまの時代には計り知れないほどの制約があったことだろう。そのような時代にあっても、臆せず声を上げた可児徳の体育やスポーツに関する問いは、いまの時代にも鋭く胸に突き刺さってくるものである。

（参考文献）［1］木下秀明、一九七一『日本体育史研究序説』不昧堂出版。［2］スポーツ庁のホームページから、二〇一六「平成28年度 全国体力、運動能力、運動習慣等調査（報告書）」（二〇一九年二月閲覧）。［3］文部科学省のホームページから、二〇〇二「子どもの体力向上のための総合的な方策について（答申案）」（二〇一九年二月閲覧）。［4］朝日新聞社、二〇一九『朝日新聞』六月二四日付、同年一〇月二四日付。

一　ゆらぐ時代　体育・スポーツは誰のために？

アメリカをはじめとする西欧諸国からの個人主義的自由思想や実利主義思想が日本の「文明開化」精神に受容され、その浸潤におよんだのは、明治維新前後から明治一〇年代にかけてのことであった。[1]それは、文教面においては一八七一（明治四）年七月に設けられた文部省による「学制」発布や翻訳事業に明らかであるように、「伝統思想への挑戦」[2]として席巻し、政治面においては、多くの教育者をも参加させた自由民権運動として高まりをみせていった。だが、いわゆる洋学派による近代教育の探究に対しては、皇道主義的教育思想を唱える国漢学者らの反発や、自由民権の深化や組織化に対しては、儒教的な道徳観の退廃を危ぶむ政治的指導者らによる抑圧や統制を加速させた。即ち、「大日本帝国憲法」と「教育ニ関スル勅語」および「軍人勅諭」を精神的支柱とする天皇制国家を現出させ、[3]加えて「教育ニ関スル勅語」と「改正小学校令」によって天皇制教育の原型が構築された。[4]それは、天皇の権力と権威をもって、富国強兵の政策を担う「臣民」の創出を意図するものであったが、一方でそのようなイデオロギーを嫌悪するに反動的な風潮および思想―「大正デモクラシー」の時流と、それによって惹起《じゃっき》された明治維新以来の「アメリカ化現象」[5]ともいえる教育思潮、大正自由教育による教育改革運動へとつながっていくことになる。

（参考文献）［1］藤原喜代蔵、一九四三『明治 大正 昭和 教育思想学説人物史』第三巻、大正年代篇、東亜政経社。［2］堀尾輝久、一九八七『天皇制国家と教育―近代日本教育思想史研究』青木書店、三頁。［3］梅村佳代、二〇〇八「天皇制国家体制の確立と展開」江藤恭二編、『新版 子どもの教育と歴史』名古屋大学出版部。［4］中野光、一九九八『大正自由教育の研究』黎明書房。［5］三谷太一郎、一九九五『新版 大正デモクラシー論 吉野作造の時代』東京大学出版会。

（一）学び、体育の教員になろう

岐阜県恵那郡に生まれる

これまで可児徳は、一八七四（明治七）年一一月七日、岐阜県恵那郡苗木町（現在は中津川市苗木）の可児吉右衛門の次男として生まれたとされてきた。だが、中津川市苗木遠山史料館所蔵の『士族名簿』によると、父の名は可児真対（一八三八年生まれ）といい、母の名はきう（一八三七年生まれ）という。そして、可児徳はその次男として「徳三郎」という名で記載されている。兄弟姉妹は、四女・とめ（一八六五年生まれ）、長男・熊治（一八七二年生まれ）、六女・まつえ（一八七七年生まれ）が確認でき、少なくとも六人の姉妹、ひとりの兄が存在したことになる。出生地については、一八七四（明治七）年一一月においては、厳密には「岐阜県恵那郡上地村」[1][2]である。

同じく、中津川市苗木遠山史料館所蔵の『旧苗木藩士 御家中系図』によると、可児家は五代に亘って苗木藩遠山家組足軽であったが、図1の通り、可児又六の代に徒士に立身し、真対は熊次郎と改名後、江戸で右筆になり、後年には徒士目付を兼帯している。

真対の実父は市岡六三郎であったが、市岡六三郎は可児吉右衛門の子として養子入りをしている。そして、可児徳三郎こと可児徳も父・真対と同じ次男であり、後に市岡寿という人物の相続養子になっている。市岡家も足軽士族であったが、可児家とは親戚関係であったのか、かなり緊密な関係にあったのだろう。

図1　可児家の家系図

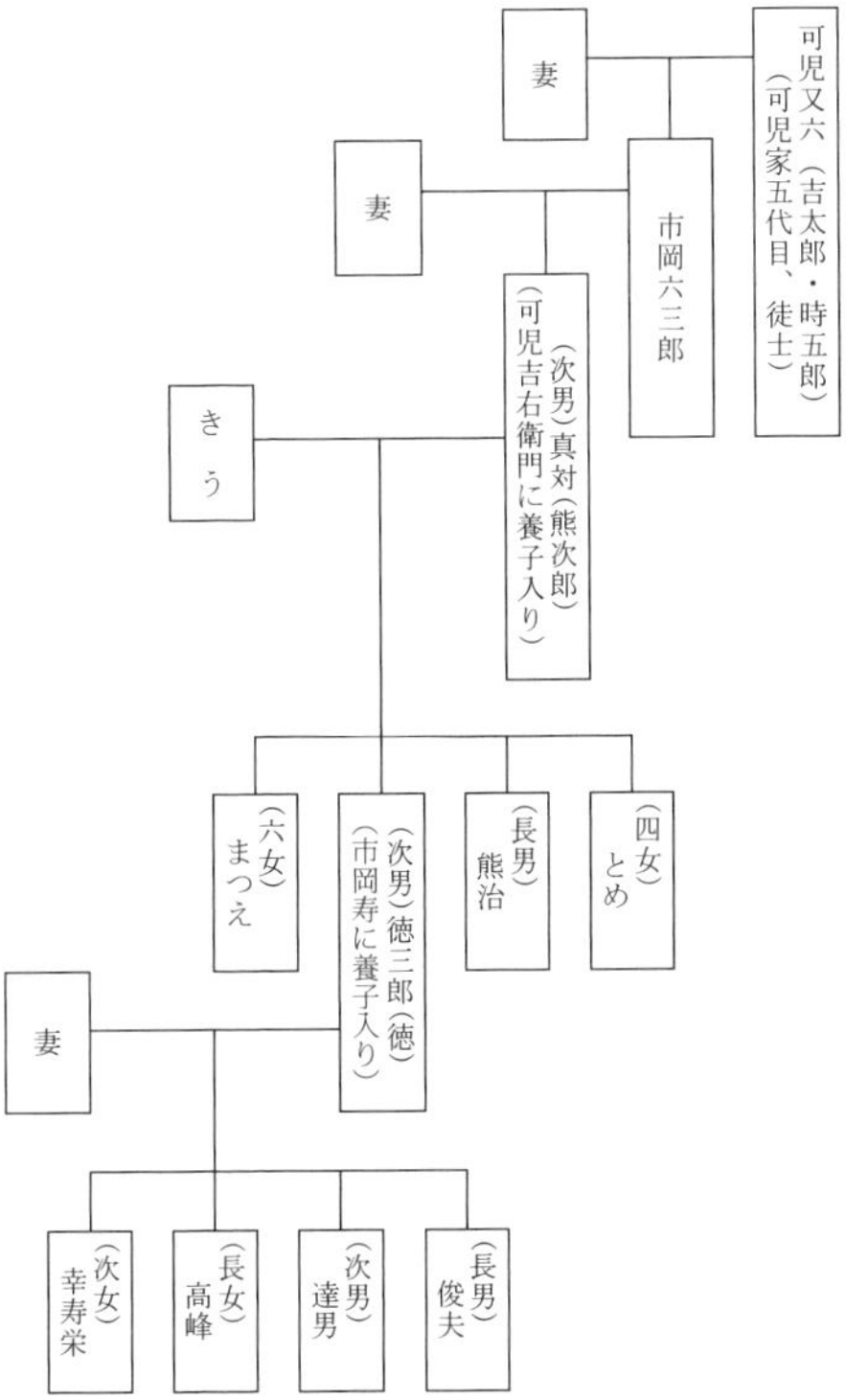

現在、可児徳の戸籍の確認はできておらず、手元の史料からは、出生時の姓が「市岡」であるのか、「可児」であるのか定かでない。だが、一八九二（明治二五）年前後の姓は「可児」、名は「徳三郎」であった。そして、その後、時期は不明だが、市岡家の相続養子に入り「市岡徳三郎」に改名する。更に一八九三（明治二六）年四月、私立

岐阜県斐太尋常中学校（現在の岐阜県立斐太高等学校）の卒業時には「市岡徳」、一八九六（明治二九）年の上京後、日本体育会関連の史料では「可児徳」となっている。おそらく相続のために一旦、市岡の姓を名乗るが、相続後に再び可児姓へ戻ったものと思われる。また、「徳三郎」がいつの段階で「徳」に改名したのかも確認できていない。つまり、一八七四（明治七）年には、「可児徳」「可児徳三郎」「市岡徳」「市岡徳三郎」のいずれか、→一八九二（明治二五）年前後には、「可児徳三郎」→一八九三（明治二六）年には、「市岡徳」→一八九六（明治二九）年（但し、一九七三年編纂資料による）には「可児徳」ということになるが、以下、本書では、「可児徳」の名で統一する。

（参考文献）［1］太田孝編、二〇〇〇『幕末以降市町村名変遷系統図総覧〈改訂版〉①』東洋書林。［2］中津川市編、二〇〇六『中津川市史 下巻 近代編Ⅰ』中津川市、八〇—八四頁。

岐阜県恵那郡の小学校に通う

南に木曽川、西に支流の付知川が流れ、北には高峰山がそびえたつ。一八七一（明治四）年までは外様小藩の苗木藩が藩政を司《つかさど》っていたが、廃藩置県によって苗木県へと切り替えられる。だが、わずか四カ月ほどで三府三〇二県を三府七二県に再編成する統廃合が実施され、苗木県は新設の岐阜県に編入し、苗木という地名は一旦、消えてしまうことになる。それが再び日の目をみるのは、一八七四（明治七）年九月の日比野村から苗木村への改称によってであり、更に一八七五（明治八）年一月には上地村と瀬戸村が合併して、瀬戸村に、一八八九（明治二二）年七月には苗木村と瀬戸村が合併をおこなうが、苗木村の名称が継承された[1]。

可児徳は苗木村という村名になる以前の上地村、―蛇行する中津川の渡船場があった上地村に生まれ育った。

小高い城山に君臨する苗木城とはほど近く、幹線道となる飛騨街道は、島崎藤村が『夜明け前』で伝える中山道に交わることから文物の往来は少なくない。だが、旧苗木藩では士族であっても帰農者が大半で、各村は決して裕福なものではなかった[2]。

それでも全国的にみて岐阜県は、一八七二（明治五）年九月の「学制」発布を受け、初等教育の推進を積極的におこなっている[3]。

「学制」の開花啓蒙的、かつ画一的な教育制度は、ほどなく現実との調整が必要とされ、「教育令」（一八七九年）によって学区取締の廃止、就学期間の弾力的な運用、教科内容の簡素化などと、主としてアメリカの教育制度を倣ったものに切り替えられた。それは自由民権思想を基底にもつことから「自由教育令」とも称された。

しかし、元田永孚が起草した「教学大旨」による儒教主義的な教育観と拮抗し、更には「教育令」によって返《かえ》って就学率が低下し学校整備への関心が停滞したと、激しい非難を受け、早くも翌年には「改正教育令」（一八八〇年）が発布される。

この「改正教育令」から学科目の先頭に「修身」が置かれたことにあらわれているように、教育は国家からの強い統制を受ける干渉主義的傾向に進むことになる。また、それは国家主義的教育体制の確立を急務とした森有礼による教育政策、――「諸学校令」（一八八六年）につながっていく。
「諸学校令」のうち、「小学校令」は、それまで初等三年・中等二年・高等二年であった小学校課程を尋常・高等それぞれ四年の二段階に基本体制を再編し、並行してあらたに尋常小学校に代替する簡易科が設置された。更に教科書検定制が採用される、という特徴をもつものであった。なお、「体操」については、男子生徒に限り「隊列運動」（一八八八年に「兵式体操」と改められる）が加えられることになった。即ち学校体育は「諸学校令」から必修化され、小学校ばかりでなく中学校、師範学校においても徳育的な意義が付加された「兵式体操」が課されることになった。このような国家による軍事的な体育教育の要請には、一八八三（明治一六）年の「改正徴兵令」による徴兵期間短縮への対応、森有礼による教育観が背景にあった。[4][5]
近代教育制度の模索期にあたる時代、可児徳は一八七九（明治一二）年の「教育令」、あるいは一八八〇（明治一三）年の「改正教育令」のもとで小学校教育を受けている。だが、それがどこの小学校であったかは明らかでない。仮に出生地の上地村であったとするならば、その当時、上地村には苗木藩時代の藩校・日新館を前身とする苗木学校が開校されていた。ちなみに上地村から苗木学校は木曽川沿いに下って二キロほどの距離であった。
更に「小学校令」公布後、一八八六（明治一九）年のことになるが、岐阜県は「岐阜県令」によって、学区・学校資格等を制定している。ここで、恵那郡には高等科を併置する学校が四校あり、その校数は岐阜県内でトップに位置していた。「小学校令」以降、各郡村は競うように高等科の設置を目指していた。

それは高等科の有無による郡村の優劣意識や対抗心のあらわれでもあった[6]。

恵那郡の教育熱の理由としては、近世後期における藩学の流れを汲むこと、この地区の気質、――「山が多く、経済的には必ずしも豊かでないが、境を信濃に接しているためか、考え方に多分に信州人と通ずるものがある。人間がまじめで理論的で、独立の気風に富み、容易に権力に屈しない[7]」ということも挙げられよう。

また、一八九一（明治二四）年以降のデータになるが、恵那郡の文教尊重は、明治三〇年代に入るまで岐阜県内で唯一、毎年八〇％台の就学率を維持していたことにもつながる。明治二〇年代の就学率は、岐阜県内の各地とも上昇と減少にゆらぎ、必ずしも安定的なものではなかったが、たとえば一八九四（明治二七）年の就学率をみると、全国の就学率が六一・七％（男子七七・一％、女子四四・一％）であったところ、恵那郡では八八・四％と高い数値を示している。その一方、同年における岐阜県内の就学率は、山県郡では四三・五％、中島郡では五一・〇％、池田郡では五三・一％と、実に恵那郡とは四〇％前後の格差があった。これら山県郡や中島郡といった地域における低い就学率の要因のひとつには、濃尾三川の下流地帯であるための洪水被害があった[8]。具体的に、不就学児童の理由としては、男女ともに「赤貧」を筆頭に、男子特有の理由としては「農業手伝い」、女子特有の理由としては「子守」が多いものであった[9]。

時代は前後するが、可児徳が仮に学齢期にあたる六歳で小学校に通っていたとするならば、――一八八〇（明治一三）年頃、それはちょうど岐阜県においては学齢児童数の激増期に合致する。

たとえば、明治一〇年代に中津川の小学校、――興風学校に通っていた児童は、次のように回想する。

苗木や岩村は城下町で教育が進んでいたが、ここ中津は商人の町として沢山の人口はあったが、学問というような事は遅れていた。私が興風第二校に学んだ時ですら（注・明治一六年一月開校）学校で習う日本外史を買おうとしても、中津の本屋にはなく苗木へいけばあったというような有様であった[10]（注記は原文のまま）。

一八八六（明治一九）年九月、苗木学校は東濃（恵那郡地区）における旧幕時代の中心地であったという特権から、「小学校令」に則った「岐阜県令」によって高等科（苗木高等尋常簡易小学校）が設置されている。

しかしながら、可児徳がどこで小学校教育を受けたかは確認できておらず、遅くとも一八八八（明治二一）年には岐阜県大野郡高山町に転居していることから、―そもそも可児徳の小学校就学時は、初等三年・中等三年・高等二年の制度下にあり、六歳から伸縮なく六年通っていたとするならば、中等小学校卒業時の頃が「小学校令」の尋常四年・高等四年制度への転換期に重なる。しかし、この時期は直線的な進級ばかりとは限らない。初等教育における就学の始期と終期の明記がなされたのは、一八九〇（明治二三）年一〇月の「改正小学校令」からであり、それが岐阜県で施行されたのは、一八九二（明治二五）年四月の「岐阜県令」からのことであった。よって明治二〇年前半には六歳未満や一四歳以上の、学齢児童以外の就学者が少なからず存在しており[11]、可児徳の就学の始期と終期を制度的に追うことも困難である。

更に森有礼の提唱した「諸学校令」は、外国語教育を重視するという特徴をもち、一八八六（明治一九）年五月の「文部省令」によって高等小学校には英語科が仮設科目として加えられた。早速、岐阜県においては各地で英語学習会や研究会が催され、岐阜県中学校（一八八七年に岐阜県尋常中学校と改称）、岐阜高等小学校、大垣興文高等小学校では、外国人教師を招聘し、「英語」の教授がおこなわれている。[12]

（参考文献）［1］中津川市編、二〇〇六『中津川市史 下巻 近代編Ⅰ』中津川市。［2］岐阜県教育委員会編、二〇〇三『岐阜県教育史 通史編 古代・中世・近世』岐阜県教育委員会。［3］岐阜県教育委員会編、二〇〇五『岐阜県教育史 別編一 ビジュアル版』岐阜県教育委員会。［4］竹之下休蔵、一九五〇『体育五十年』時事通信社。［5］大熊廣明、二〇〇一「わが国学校体育の成立と再編における兵式体操・教練採用の意味―明治・大正期を中心として―」『筑波大学体育科学系紀要』第24巻、筑波大学体育科学系。［6］岐阜県教育委員会編、二〇〇三『岐阜県教育史 通史編 近代二』岐阜県教育委員会。［7］小原国芳、一九六九『日本新教育百年史 第5巻（中部）』玉川大学出版部、四一〇頁。［8］岐阜県教育委員会編、二〇〇三『岐阜県教育史 通史編 近代二』岐阜県教育委員会。［9］は［8］と同じ、七八―七九頁。［10］は［6］と同じ、四〇七頁。［11］は［8］と同じ。［12］は［6］と同じ。

岐阜県斐太尋常中学校に通う

可児徳は、一八八七（明治二〇）年、あるいは一八八八（明治二一）年に岐阜県大野郡高山町六七番地、―城山善光寺跡（現在は高山城公園内）に所在した岐阜県斐太尋常中学校（以下、斐太尋常中学校と略す。現在の岐阜県立斐太高等学校）に入学している。だが、可児徳の出身地、恵那郡苗木村から斐太尋常中学校の所在する大野郡高山町までは一〇〇キロほど離れており、当時においては到底通学できる距離ではない。よって、可児徳は斐太尋常中学校入学以前に高山町付近に転居してきたと思われるが、可児徳がどこで小学校教育を受けたのか、その入学と卒業はいつかなど、いずれも定かではなく、中学校進学を機に高山町へ越してきたと断定できるものではない。

ただ、一八八八（明治二一）年当時、岐阜県内に開校されていた中学校は、斐太尋常中学校と岐阜市の岐阜県尋常中学校二校のみであったことから、可児徳は苗木村からみて岐阜県尋常中学校に比べれば、飛騨街道によって通じていた[1]斐太尋常中学校を選択した可能性が高いと思われる。

また、この時代は、ちょうど中学校の縮小期にあたる。つまり一八八六（明治一九）年の「中学校令」にもとづき公立中学校は一府県一校の設置という制限である。天野（二〇〇六）[2]によると、「明治十八年に一〇四校あった公立中学校は、二十一年には四〇校に激減」し、「中産階級の文化的・社会的な再生産の場とはなりえず、（中略）高等中学校＝帝国大学への進学者のための準備教育機関として、社会的に位置づけられること」になったという。当時、高等中学校に進学する「限られた」生徒たちは、まさしく「エリート中のエリート」であるが、尋常中学校も同様に「エリート」養成機関といえるものであった。

斐太尋常中学校もそのような教育政策の渦中にあって変遷を余儀なくされた学校である。即ち、斐太尋常中学校の前身は、一八八四（明治一七）年設置の岐阜県高山学校であったが、この「中学校令」を受けて廃校になっている。そこで「飛騨三郡の有識者は中学校が廃校になっては、飛騨の文化を進展する途なしと大いに概し、飛騨三郡の経済を以て」[3]、――大野郡・益田郡・吉城郡（飛騨三郡）によって私立学校として運営をしていくことになるのである。そして、あらたに私立学校として開校する目的を「本校ハ実業ニ就ント欲スル者ノ為ニ英語専修科ヲ置キ、兼テ普通理科ヲ授クル所トス」[4]とし、入学生徒に要する学力は「高等小学校卒業ノ者及同等学力相当ノ者」とされた[5]。修業年限は、創設時の一八八六（明治一九）年には、予科二年、本科五年であったが、一八八七（明治二〇）年には、予科三年、本科五年とし、一八八八（明治二一）年には、予科は廃止、本科五年となっている。

現在、岐阜県立斐太高等学校に明治期の『学籍簿』は現存せず、同校所蔵の『卒業者名簿 自明治二十一年三月 至昭和二十四年三月』に頼る他はないのだが、ここでは可児徳が一八九三（明治二六）年に卒業しているという記載にとどまり、その入学年は明らかでない。だが、一八九三（明治二六）年に卒業しているということは、仮に一八八七（明治二〇）年の入学であれば、予科で一年学び、その翌年に本科五年に転科したということか。あるいは、一八八八（明治二一）年の入学であれば、本科五年に学んだとも考えられる。また、「中学校令」に即した斐太尋常中学校が開校するのは、一八八八（明治二一）年一二月一六日のことである。そして、いずれにしても、可児徳の在学中の校長は、一八八四（明治一七）年一〇月から一八九三（明治二六）年一〇月末日まで初代校長をつとめた大岩貫一郎であった。

一八八八（明治二一）年一二月一六日、斐太尋常中学校開校式および第一回卒業式で、大岩貫一郎は、以下のように述べている。

至仁聖明ナル明治天皇登極ノ二十一年十二月十六日ハ如何ナル吉祥ノ日ゾ。我ガ岐阜県斐太尋常中学校開業ノ盛典ヲ挙ゲラル。茲ニ本県小崎知事公ノ代理ヲ以テ大野・益田・吉城ノ郡長国井君閣下ノ之ニ臨ミテ、本校ノ開業ヲ祝セラレルノ栄アリ加之本校ノ商議委員本州ノ紳士官員教員三郡聯合会議諸君子ノ式場ニ在ルアリテ一段ノ光彩ヲ添ヘタリ。嗚呼今日ハ如何ナル吉祥ノ日ゾ不肖ノ貫一郎幸ニ乏キヲ校長ニ受ク其任ヤ重ク其責ヤ大ナリ何ヲ以テ其責ヲ塞ギ何ヲ以テ其任ヲ盡サン只心誠ニ拮据淬励シテ其職ニ負カザラン事ヲ欲ス[6]

「当時稀に見る人格者[7]」といわれた大岩貫一郎は、一八八四（明治一七）年一二月、斐太尋常中学校の前身である岐阜県高山学校の設置認可に先駆け、岐阜県師範学校校長・小宮山弘道の推薦によって運営母体の大野郡・益田郡・吉城郡（飛騨三郡）より招聘され、金沢中学校を辞して高山町に越している。[8]

大岩貫一郎は「福井藩英語の先覚者[9]」であったことから、「英語」はもちろん、その他にも「修身」「歴史」「生物」「博物」「物理」「化学」等、週に二八時間もの授業を担当していた。[10]だが、それは創設期に限られることであったのか、明治二〇年代に入り斐太尋常中学校になってからの教員数は、一〇名前後であり、大岩貫一郎が前述のごとく、ひとりで複数の教科を教授していたとは考えにくい。また、一八八五（明治一八）年の「出勤簿及び棒給明細書」によると、大岩貫一郎は「英語」と「化学」の担当になっている。[11]それは、その少し後に開校する斐太尋常中学校の開校時の目的、「英語専修科を設置し、普通理科を教授する学校」と照らすと、同校にとって要《かなめ》となる教科は校長自ら担当する教科でもあった。可児徳が英語専修科に属していたかどうかはわからないが、大岩貫一郎の教えに触れたことは間違いないであろう。

可児徳の在学した当時の「生徒の族別」は表1、「卒業生」数および氏名については、表2の通りである。

ここから可児徳の同期生（明治二六年の卒業生）をみると、可児徳だけが士族であり、他の七名はみな平民に属している。可児徳の同期生以外をみても士族よりも平民の方が多い。それは、農・商・工の別については明らかでなく、平民という括りでしかないものだが、天野（二〇〇六）[12]による「伝統セクターから近代セクターへ、社会の下層から上層へという社会的な移動のチャンネルとしての機能」、―即ち士族専有時代の終焉とともに平民にも「学歴」の必要性が認められはじめたということに加え、岐阜県飛騨地区の来歴によるところも大きい。つまり、明治以前、天領であった飛騨国は代官のもと、士族に属するわずか八〇人ほどの地役人によっ

表1　1891（明治24）年から1894（明治27）年における岐阜県斐太尋常中学校生徒の族別

自明治廿四年至明治廿五年 岐阜縣斐太尋常中學校生徒族別調	年別／族別	明治廿四年	明治廿五年	明治廿六年	明治廿七年四月末	計
入學生	華					
	士	二	二	一	一	六
	平	二三	三六	二三	二三	一〇四
半途退學生	華					
	士		二	二	二	六
	平	三六	一〇	二九	一〇	八五
卒業生	華					
	士	一	一	一	一	四
	平	三	四	七	七	二一
年末現在生	華					
	士	一二	九	七	五	三三
	平	八六	九一	七三	八三	三三三

出典）岐阜県立斐太高等学校創立百周年記念事業実行委員会編(1986, 45頁)による。

表2　1888（明治21）年より1897（明治30）年における岐阜県斐太尋常中学校卒業生

	卒業年月日	人数	氏名
第1回生	1888(明治21)年12月	5名	上田英吉、宇野増次郎、加納禎吉、福田吉郎兵衛(耕作)、奥田源三(森茂)
第2回生	1890(明治23)年3月	2名	上原菊之助、福来友吉(松本)
第3回生	1891(明治24)年5月	4名	国井清音、土川宗左エ門、飯島乙吉(林)、二田村哲夫(太次郎)
第4回生	1892(明治25)年4月	6名	可児真男(熊治①)、日下部平兵衛、島田東太郎、永井環、平塚武一郎、正木永之助
第5回生	1893(明治26)年4月	8名	岡田喜三郎、可児徳(市岡②)、加納圭助、芝仙之助、中島只三郎、中田徳太郎、丹羽太一郎(和仁)、八賀茂吉郎
第6回生	1894(明治27)年3月	10名	飯野寛三、江馬健、扇本眞吉、柿下清六、小森元三郎、谷口久郎、内木貫一、中島真吉(五郎作)、船坂勝次郎、正木一三
第7回生	1895(明治28)年5月	9名	市川昌隆、尾崎敏郎、垣内松三、柿本庄六、川尻正造、元田脩三、田中縫之助、原田亮、牧野英一
第8回生	1896(明治29)年4月	8名	岩田久吉、大住増三、尾崎斉、寺境弥(加藤)、苫最勝、広田智了、森野石之助、吉住徳三
第9回生	1897(明治30)年4月	3名	岡村三蔵、中村徳蔵、二村権次郎

①岐阜県斐太中学校『卒業者名簿 自明治二十一年三月 至昭和二十四年三月』には「可児真男（熊次）」（傍線は筆者）の名前で記載されているが、中津川市苗木遠山史料館所蔵の『士族名簿』による「熊治」とする。本書においても「熊治」で統一する。
②岐阜県斐太中学校『卒業者名簿 自明治二十一年三月 至昭和二十四年三月』には「市岡徳」の名で記載され、有斐会（2007, 1頁）には「市岡徳（可児）」と記載されているが、表中では、本書と統一するため、筆者によって「可児徳（市岡）」とした。
出典）岐阜県立斐太中学校『卒業者名簿 自明治二十一年三月 至昭和二十四年三月』、および有斐会（2007, 1頁）より作成したが、ここには中退したものも含まれている。

て統治され、その他の大半は平民に属すものであったからである。[13] だが、政策面からみると、前述の一府県一中学校の制限が一八九一（明治二四）年「改正中学校令」によって解かれたことによって、中学校数は、一八八六（明治一九）年の五六校が一九〇四（明治三七）年には二六七校になり、中学生数は一八八六（明治一九）年に約一〇、〇〇〇人であったのが、一九〇四（明治三七）年には一〇〇、〇〇〇人以上を数えた[14]ことに顕著であるように、教育が平民にも開かれたものになったことは確かであろう。

　ちなみに、中学校の縮小期にあたる可児徳の入学年の時期には、一八八七（明治二〇）年の全国の尋常中学校は四八校、そのうち私立学校は五校、教員数は五六一人、生徒数は一〇、一七七人であった。[15]

このように明治二〇年代後半には、広く人びとに「学歴」の効用が認められつつあって就学率は飛躍的に高まった。とはいえ、いまだ一八九五（明治二八）年における初等教育の全国平均在学率は五〇％、中等教育では一・一％、高等教育では〇・三％にすぎず、やはり中学校進学とは十二分に「選ばれた」もののの世界であったともいえよう。[16]

表3　1891（明治24）年より1894（明治27）年における岐阜県斐太尋常中学校卒業後状況

自明治廿四年至明治廿七年　岐阜縣斐太尋常中學校生徒卒業后ノ狀況

年別＼卒業後の状況	卒業生ノ内											
	高等中學校ヘ入學ノモノ	其他ノ官立學校ヘ入學ノモノ	私立中學校ヘ入學又ハ他府縣ヘ遊學ノモノ	學校教員トナリタルモノ	官廳ヘ奉職ノモノ	家業ニ就キタルモノ	他の業務ニ就キタルモノ	士官候補トナリタルモノ	一年志願兵	死亡	未定	計
明治廿四年	一			一	一	一						四
明治廿五年	一		一	二						一		五
明治廿六年		一		五		二						八
明治廿七年四月末調				一							七	八

出典）岐阜県立斐太高等学校創立百周年記念事業実行委員会編（1986, 45頁）による。

たとえば、当時の生徒たちの卒業後の状況を表3より確認すると、一八九一（明治二四）年には四名（士族一名、平民三名）の卒業生のうち、家業に就くものが一名、公官吏が一名、進学が一名、学校教員が一名であった。一八九二（明治二五）年には五名（士族一名、平民四名）の卒業生のうち、死亡が一名、学校教員が二名、進学が二名であった。一八九三（明治二六）年においては可児徳を含む八名の卒業生のうち、家業に就くものが二名、学校教員になるものが五名、他一名が進学とある。こうしてみると、家業に就くものが如何に少なかったかということである。ちなみに、可児徳は後述するように学校教員になるものに含まれている。ここからうかがえることは、「中学校は、人びとを『中央』へ、『学歴の世界』へと送り出すパイプの役割をはたしていた[17]」ということである。

可児徳の卒業と入れ替わりに入学した倉手登之助（一九〇〇年卒業）は、明治二〇年代の斐太尋常中学校の様子を、以下のように伝えている。

当時の中学校は五カ年制で予科が一年あった。予科は地方の小学校で尋常四年卒業で中学志望で入学するもの、為めに一年の予科を置いて、翌年中学の一年へ編入したものである。随って教科も高尚で程度高く、漢籍は勿論英語其他も原書を使用する等、国語の如きも総て原本で抜書短篇のものはなく、生徒は学習に苦心し、中学生であり乍ら一流の学者の態度で挙止上品、態度悠々で交友も信義を以てし常に先輩たる貫録があった。[18]

一八八七（明治二〇）年当時の学科課程は、「倫理・英語・数学・博物・物理化学・和漢文及ビ体操[19]」であった。

もっとも、「エリート」である生徒らも、社会的マイノリティとして、異端の目を向けられていたことが、以下の手記からうかがわれる。

僕等は明治二十七八年日清戦争中に斐太中学へ入学したもので、当時の大野・益田・吉城よりの入学者極めて少く、全校を挙げて僅々七十余名であり、中学校へ入学と云えば郡部の者は今日の大学へ行くものより少く、父兄の向学心も誠に低級冷淡で、中学校などへ入学するものは世人の嗤笑を招く位で、休暇の時の実家への出入も陰密に隣人に会わぬ様に努力したものである。[20]

可児徳は、斐太尋常中学校を第五回生として一八九三（明治二六）年四月五日、「市岡徳」の名で卒業している（表2を参照）。

可児徳の同期生が、それぞれどのような人物であったのかは確認できていないが、表2の第四回生に名を連ねる「可児真男（熊治）」とは、可児徳の兄にあたる。幼名を熊治とする可児真男もまた可児徳と同様、苗木から高山に越し、同校に在学していたということは、「可児」姓を名乗る父・真対が高山で職を得ていたという可能性もあるのか。可児真男が、その後、どのような人生を歩んだのかはわからない。

また、同じく表2によると、可児徳の在学した前後には、後に高山町長になる福田吉郎兵衛（第一回生）、岐阜県県議会議員として地方自治の確立に尽力した宇野増次郎（第一回生）、心理学者として東京帝国大学助教授や洗心女学校校長、高野山大学教授を歴任した福来友吉（第二回生）、旧制第四高等学校教授の上原菊之助（第二回生）、明治期より大正期にかけて高山町議会議員として四期をつとめた柿下清六（第六回生）、小坂町長の中島真吉（第六回生）、国文学者として東京帝国大学や東京女子高等師範学校などで教授を歴任した垣内松三（第七回生）、国文学者として文部省国語調査会の調査員をつとめた元田脩三（第七回生）、東京において柿本病院を創立開院した柿本庄六（第七回生中退）、法学者として東京帝国大学教授をつとめた後、貴族院議員になった牧野英一（第七回生）らが在学していた。

『新修体育大事典』[21]によると、可児徳は斐太尋常中学校を卒業後、三年間に亘り小学校教育に従事しているとあるが、それがどこの小学校であったかは確認できていない。

（参考文献）［1］加子母村文化保護委員会編、一九八三『加子母の歴史と伝承』加子母村教育委員会。［2］天野郁夫、二〇〇六『教育と選抜の社会史』ちくま学芸文庫、一八二—一八四頁。［3］岐阜県立斐太高等学校創立百周年記念事業実行委員会編、一九八六『斐太高校百年史』岐阜県立斐太高等学校、三一一頁。［4］岐阜県立斐太高等学校編、一九七三『有斐 第15号』岐阜県立斐太高等学校、一六頁。［5］は［4］と同じ、一七頁。［6］は［3］と同じ、三四頁。［7］岐阜県立斐太高等学校編、一九五八『斐高71年』岐阜県立斐太高等学校、八八頁。［8］は［3］と同じ、二一九頁。［9］は［3］と同じ、二五頁。［10］は［2］と同じ。［11］は［2］と同じ。［12］天野郁夫、二〇〇六『教育と選抜の社会史』ちくま学芸文庫。［13］高山市編、一九五二『高山市史上巻』高山市。［14］天野郁夫、二〇〇五『学歴の社会史 教育と日本の近代』平凡社ライブラリー。［15］山住正巳、一九八七『日本教育小史』岩波新書。［16］は［14］と同じ。［17］は［14］と同じ。［18］は［7］と同じ、八九頁。［19］は［4］と同じ、一八頁。［20］は［7］と同じ、五九頁。［21］今村嘉雄・宮畑虎彦編、一九七六『新修体育大辞典』不昧堂出版。

日本体育会体操練習所に入学する

一八九六（明治二九）年一〇月、可児徳は上京し、同年一一月二〇日に麹町区飯田町の日本体育会体操

練習所（以下、体操練習所と略す。現在の日本体育大学）に入学した。入学の動機は、一八八四（明治一七）年八月の「中学校師範学校教員免許規程」において法令化されていた文部省施行教員検定試験による体操科の中等教員免許取得に向けた勉強のためであった。[1]（以下、「中等教員免許取得のための文部省施行教員検定試験」を「文検《ぶんけん》」と略す。[2]）

可児徳はここで「無資格の初等教員（小学校の教員）」から「有資格の中等教員（師範学校・中学校・高等女学校の教員）」への昇格を目指したわけだが、当時、「有資格の中等教員」になるためには、高等師範学校を卒業するか、「文検」に合格する必要があった。ちなみに、体操練習所は、小学校教員免許については、一八九五（明治二八）年に二府一三県から小学校体操専科正教員資格を無試験検定（各府県がその地方に限って認めたもの）によって付与することを認可されていた。[3]だが、中等教員免許については、特権的な措置はなく、「文検」の「試験受験」に合格し取得する他はなかった。また、「文検」には、「試験受験」と「無試験受験」があり、「無試験受験」は官立の体操伝習所卒業生であれば普通体操に関し、陸軍教導団卒業生であれば兵式体操に関し、その受験資格が得られるとされていた。これは、軍人経験者の体育教員の直接登用制度といえるものでもあった。

そもそも、日本における体育教員の養成施設は、全国の府県師範学校および中学校への体育教員配置を目的として、文部省によって一八七八（明治一一）年一〇月に設置された体操伝習所にはじまる。体操伝習所は一八八六（明治一九）年四月に廃止になると同時に高等師範学校の体操専修科にその役目を引き継ぐが、わずか二年後には生徒の募集を停止し、総計一二三五名の卒業生を世に送り出して終了している。

表4　体操伝習所(①)の変遷と卒業生数

開設年および廃止年	名　称	修業年限	卒業者数
1878(M11) 年10月 －1886年 (M19) 年4月②	体操伝習所	－年③	215名④
1885(M18) 年12月 －1886(M19) 年4月	東京師範学校 附属体操伝習所	不明	不明
1886(M19) 年4月 －1887(M20) 年－月	高等師範学校 体操専修科⑤	不明	22名
1899(M32) 年4月 (1回)	体操科	2年	22名
1902(M35) 年9月 (1回)	修身体操専修科	2年2学期	15名
1906(M39) 年4月 －1913(T2) 年4月－月⑥	文科兼修体操専修科	3－4年⑦	81名
1913(T2) 年4月, 1914(T3) 年5月－月⑧	体操専修科⑨	3年	82名
1915(T4) 年2月 －1949(S24) 年－月⑩	体育科	4年	1,584名⑪
1922(T11) 年 －1930(S5) 年－月⑫	第一臨時教員養成所	2年	116名

① 1885(明治 18) 年より東京師範学校附属になる。
②第 6回府県伝習生は、1885(明治 18) 年 9月に入学し、1886(明治 19) 年 3月に卒業している。
③入学生には「官費伝習員」(約 2年)、「府県伝習員」(6ヵ月)、「別科伝習員」(約 6ヵ月) と募集時期によって 3種類が存在した。
④高等師範学校附属体操伝習所になってからの 1885(明治 18) 年 7月、1886(明治 19) 年 3月、1886(明治 19) 年 6月の卒業生数も含む。
⑤以下、すべての年次、高等師範学校・東京高等師範学校内に所属。1929(昭和 4) 年 4月には東京文理科大学内になる。
⑥ 1906(明治 39) 年 4月、1907(明治 40) 年 4月、1909(明治 42) 年 4月、1911(明治 44) 年 4月の 4回開設された。
⑦ 1906(明治 39)年 4月における 1回は 3年、1907(明治 40)年の 2回からは 4年になる。
⑧ 2回開設され、1918(大正 7) 年に卒業生を送り出している。
⑨東京高等師範学校体育科創設八十年記念行事準備委員会編(1995, 38頁) では、「体操科」とするが、同編(42頁) では「体操専修科」とする。
⑩ 1915(大正 4) 年および 1916(大正 5) 年に入学生を迎えた後、1918(大正 7) 年まで募集がおこなわれず、1918(大正 7) 年からは毎年入学生を迎える。
⑪ 1949(昭和 24) 年の卒業生まで数える。1949(昭和 24) 年には東京教育大学創立に際し体育学部になる。
⑫ 1922(大正 11) 年、1926(大正 15) 年、1928(昭和 3) 年、1929(昭和 4) 年、1930(昭和 5) 年の 5回開設されている。
出典) 東京高等師範学校体育科創設八十年記念行事準備委員会編(1995, 6－38頁、98頁、110－114頁)、東京文理科大学(1931, 225－231頁) より作成。

高等師範学校で再び体操科が設置されるのは、表4のように、一八九九（明治三二）年四月のことである。

このような経緯から、私立の体操練習所は、官立の体育教員養成施設の空白期間を補填する役にあったといえる。そして、可児徳は、官立の空白期間にあたったために、その代替役となった私立で学んだのである。

そもそも、なぜ、可児徳が体育教員を目指したのか、―この問いに答える史料は確認できていない。先の斐太尋常中学校における「体育（運動）」としては、『巴陵九〇年』[4]に、「野球事始」として、一八九七（明治三〇）年当時の、まだ選手が揃っていない写真を載せ、その後、間《ま》もなくして野球は同校の花形スポーツになったということを伝えている。しかし、ここからは可児徳が在学中の斐太尋常中学校における「体育（運動）」の全体状況はわからない。また、可児徳は、斐太尋常中学校卒業後、小学校教育に従事しているというが、そこで体育教育と関わる経験を持ったか否かということも確認できていない。

ともかく、可児徳は、体操科の中等教員免許状を取得するという明確な目的をもって上京し、坪井玄道が講師をつとめる体操練習所に通った。だが、当時の体操練習所は、学校の態をした規則に沿って運営されながらも、「各種学校令」にもとづいた学校ではなく、あくまでも練習所であった。

『学校法人日本体育会日本体育大学八十年史』[5]による一八九八（明治三一）年の「学則」をみると、当時の体操練習所は、定期入学のみの本科、随時入学が可能な撰科に分かれ、入学資格は一五歳以上であることと、同校による入学試験に合格することであった。本科は修業年限一年、撰科は修業年限六カ月以上となり、卒業試験が課された。そして、修学に要する費用については、本科は「束修」（入学金）一円、

「月謝」七〇銭、撰科は「束修」七〇銭、「月謝」五〇銭であり、その他として、本科、撰科いずれにおいても「教場費」（月々）一〇銭を必要とした。たとえば、一八九七（明治三〇）年の理髪料金（東京における大人の調髪平均料金）は八銭、コーヒー代（東京の喫茶店で飲む一杯平均）は二銭の時代である。[6]そこで、体操練習所の本科に一年間通うとなれば「束修」「月謝」「教場費」を含めて一〇円六〇銭が必要となるが、撰科で最短の六カ月であれば「束修」「月謝」「教場費」を含めても四円三〇銭である。もちろん、下宿生には、それに加えて下宿代（月々）二〇銭ほどがかかる。

『学校法人日本体育会日本体育大学八十年史』（一九七三年）によれば、実際には、随時入学を認めていた撰科生がほとんどであり、卒業者は二〇名前後と、いわば「家塾の一種[7]」といえるものであった。

可児徳の入学時、体操練習所の所長は、二代目になる陸軍中佐・東条英教（後に中将）であり、卒業時は三代目の陸軍大佐・武田秀山（後に少将）であった。現役の陸軍佐官を所長に迎える背景には、体操練習所の設立母体である「体育会」の成り立ちがある。

「体育会」は一八九一（明治二四）年八月、東京府牛込区柳町において陸軍軍曹を退役した日高藤吉郎によって創設されているが、その目的は、「体育ヲ盛ニシテ国民ノ強壮ヲ謀ルハ、蓋シ国家富強ヲ図リ大本ナリト」とする考えから、「而シテ余レハ以為ヒラク国民ノ体育ハ、当時ノ兵事教育ニ益アル者ヲ以テ最モ可ナリト為スト[8]」という、即ち国家富強のために、強靭な肉体と精神を兼ね備えた軍人の育成の基礎固めをすることであった。

一八九二（明治二五）年六月、「体育会」は「日本」を冠して「日本体育会」と改称し、同年九月には目的を体育教員の養成に絞り込んだ体操練習所の設置を決定する。そして、体操練習所の開設にあたっては、陸軍省と文部省の両省によって、その土地、教員、規則など、処々の議決がなされていった。つまり体操練習所の創設については、文部省が加わりながらも、陸軍省リードの、はなはだ軍事的色彩が濃いもので、体操練習所＝「兵式体操の教練所」[9]と称されるほどであった。それは、一九〇〇（明治三三）年三月に各種学校として、「日本体育会体操学校」と改組・改称されるのを機に、同年五月から四代目校長として、当時、第二高等学校校長であった吉村寅太郎を迎えるまでつづいた特徴であった。

可児徳は「体育」＝「兵事教育」という概念をもつ体操練習所の創設期に、そこに通ったことになる。当時の教授陣の構成は、依田直伊こそ軍属ではないものの、他の一〇名弱は軍人であり、軍人が大半を占めていた。

また、実際の授業内容とその程度については、前述の一八九八（明治三一）年の「学則」によると、本科生には、「術科」として、「一、兵式教練 各個教練ヨリ執銃中隊教練マテ 一、兵式及普通体操 各教科書ニ定ムル全部 一、銃槍及ヒ剣術 形及ヒ試合 一、游泳並漕艇術 一、唱歌及ヒ軍歌」[10]といった軍事色が強いものが課され、「学科」として、「一、生理及ヒ衛生学 大要 一、修身学及ヒ教育学 大要 一、其他体操教員ニ必要ナル学科ノ大要」[11]と、こちらは体育教員一般に要される内容が用意されていた。そして、当時の「日本体育会体操練習所規則」によると、「毎週授業時間ハ二四時間乃至三〇時間トス 但撰科ハ此限ニアラス」[12]とあるが、撰科生ばかりの当時、「撰科ハ本科中希望ノ一科若クハ数科ヲ専修」[13]すれば良いとい う。可児徳も撰科生であったが、撰科生らは個々の意思で授業内容を選択し、よって受講時間もきわめてまちまちであった。たとえば、可児徳とともに体操練習所で学んだ撰科生は、二〇歳前後を中心に三〇歳位までという年齢層で、小学校の教員や車夫など、ほとんどが勤労者であり、そのようななか、中学校を卒業しているものは非常に稀であった。また、在学途中でやめてしまうものが少なくない一方、三年間通うものもあり、学年・年次の不明瞭な、いうなれば、講習会ないしは「文検（中等教員）」のための予備校のようなものであった[14]。

このように、当時の体操練習所は、入学者のさまざまな年齢、さまざまな要求に対応をするべく、二部制のようになっていた模様で、在学中の可児徳は、毎日、午後三時、あるいは四時から、術科二時間、学科一時間ほどを受講していた[15]。そうすると、可児徳は斐太尋常中学校を卒業後、小学校教育に三年間、勤務していたということだが、この体操練習所に通っている間にも東京において小学校の教員をつづけていた可能性もある。可児徳の受講時間から察すると、午前中を何らかの勤労にあて、たとえば、それが小学校であるとしたら、放課後を利用して通学をしたとも考えられる。

そして、可児徳は、体操練習所において、「坪井玄道や依田直伊に普通体操を学び、非常に優秀な成績を修めた[16]」という。「兵式体操」は受講していなかったようである。

（参考文献）［1］日本体育会日本体育大学八十年史編纂委員会編、一九七三『学校法人日本体育会日本体育大学八十年史』学校法人日本体育会。［2］「受験と学生」編、一九四〇『受験と学生 中等教員検定試験受験案内』研究社。［3］は［1］と同じ。［4］岐阜県立斐太高等学校創立九〇周年記念誌編、一九七六『巴陵九〇年』岐阜県立斐太高等学校。［5］は［1］と同じ。［6］週刊朝日編、一九八八『値段史年表 明治・大正・昭和』朝日新聞社。

［7］は［1］と同じ、一四一頁。［8］は［1］と同じ、七〇七頁。［9］は［1］と同じ、一三八頁。［10］は［1］と同じ、一四一頁。［11］は［1］と同じ、一四一頁。［12］日本体育大学 日本体育大学女子短期大学学長室編、一九九四『近代日本の体育・スポーツ史の原風景 日体大への招待』日本体育大学 日本体育大学女子短期大学学長室、一九頁。［13］は［12］と同じ、一九頁。［14］は［1］と同じ。［15］は［1］と同じ。［16］唐沢富太郎編、一九八四『図説 教育人物事典：日本教育史のなかの教育者群像 中巻』ぎょうせい、九三九頁。

文部省施行教員検定試験を受験する

可児徳は体操練習所に在学中の一八九七（明治三〇）年七月八日、「文検」を試験受験し、普通体操科および兵式体操科の免許状を取得した。可児徳が受験したのは、第一〇回（一八九七年）にあたり、表5の通り、試験受験者数は一、八六〇人、合格者数は二四五人、合格率は一三・二％であった。

一方、無試験受験者数は八二四人で、その合格者数は七三五人と、こちらの合格率は八九・二％であった。また、この第一〇回から予備試験と本試験による二段階選抜方式が導入された。[1] ちなみに第一〇回「文検」を更に細かくみると、受験者全体数に対して、普通体操科の試験受験出願者数は三〇人であり、そのうち合格者数は一四人であった。一方、普通体操科の無試験受験の出願者数は二四人であり、うち合格者数は二四人、また、兵式体操科の試験受験出願者数は二五人であり、うち合格者数は九人であった。一方、兵式体操科の無試験受験の出願者数は八九人であり、うち合格者数は八五人であった。[2] 可児徳は普通体操科については、一四人のうちのひとり、兵式体操科については、九人のうちのひとりとして免許状を取得し

表5　1897（明治30）年より1901（明治34）年における「文検（中等教員）」による「普通体操科」「兵式体操科」「生理科」の受験者数および合格者数

区分 / 年	全体			普通体操科			兵式体操科			生理科		
	A	B	C	A	B	C	A	B	C	A	B	C
1897(明 30)	1,860 (245)	824 (735)	2,684 (980)	30 (14)	24 (24)	54 (38)	25 (9)	89 (85)	114 (94)	40 (7)	4 (4)	44 (11)
1898(明 31)	2,127 (338)	1,063 (983)	3,190 (1,321)	46 (10)	23 (23)	69 (33)	41 (18)	47 (45)	88 (63)	34 (10)	13 (11)	47 (21)
1899(明 32)	3,258 (411)	1,439 (1,360)	4,697 (1,771)	57 (24)	43 (42)	100 (66)	60 (15)	86 (70)	146 (85)	73 (14)	11 (10)	84 (24)
1900(明 33)	3,222 (385)	1,081 (591)	4,303 (976)	25 (15)	8 (2)	33 (17)	31 (21)	243 (229)	260 (250)	0 (0)	4 (3)	4 (3)
1901(明 34)	4,521 (474)	306(2 64)	4,827 (738)	115 (14)	21 (20)	136 (34)	0 (0)	40 (40)	40 (40)	——	——	——

注）表中の記号は、A：試験受験者数　下段／（合格者数）、B：無試験受験者数　下段／（合格者数）、C：受験者合計数　下段／（合格者合計数）。

出典）文部省（1897, 195－196頁）、文部省（1898, 207－209頁）、文部省（1899, 211－212頁）、文部省（1900, 138－141頁）、文部省（1901, 153－156頁）より作成。


たことになる。

可児徳の受験時、普通体操科の試験官には高等師範学校および体操練習所教員の坪井玄道があたっていた[3]。

そして、中等教員免許を取得した七日後、一八九七（明治三〇）年七月一五日、可児徳は体操練習所を卒業した。その在籍期間は八カ月に満たない計算となる。更に、翌年の「文検」の試験受験によって、可児徳は生理科の免許も取得している[4]。

明治三〇年代、いまだ体育教員は不足状態にあった。しかし、体育教員の必要に迫られていたのは教育の現場ではなく、国家そのものであったといえる。

それは、可児徳の体操練習所卒業後になる一八九八（明治三一）年五月の『官報』「体育奨励に関する建議案」[5]によって知ることができる。即ち日清戦争から日露戦争へと向かう当時の国家は、次のように焦燥感を抱えていた。


國家富強ノ本源ハ國民ノ壯健ナルニ在リ國民ヲシテ壯健ナラシムルハ身體ノ運動ヲ盛ナラシムルヨリ先ナルハ

ナシ是レ方今宇内各國ノ相競ヒテ體育ヲ奬勵スル所以ナリ。
今ヤ我帝國ハ戰後ノ經營トシテ軍備ヲ擴張シ實業ヲ興起シ教育ヲ振作シ以テ世界ノ競爭場裏ニ立チ列國ト駢馳セントスルニ當リ體育ヲ奬勵シテ其ノ普及ヲ圖ルハ實ニ焦眉ノ急務ナリ況ヤ輓近國民ノ體格漸ク旺盛ナラサル徴候アルニ於テヲヤ。[6]

そして、「政府ハ速ニ體育奬勵ノ爲メニ諸般ノ設備ヲナサヽル可ラス就中體操教員ヲ養成シテ學校生徒ノ體育ヲ完全ナラシムルハ一日モ之ヲ忽ニス可ラス」[7]と、日本体育会にその矛先を向けた。

一八九八（明治三一）年、日本体育会の総裁には閑院宮《かんいんのみや》戴仁《ことひと》親王殿下が就任した。そして、日本体育会の運営する体操練習所は、国庫補助金として一八九九（明治三二）年度から五カ年に亘って年額一〇、〇〇〇円の交付を受けることと引き替えに、文部省から体操練習所の教育の質向上のための条件整備、国民体育を奨励するべく全国一〇カ所に「模範体操場」を設置することなどを指示されたのである。[8]

（参考文献）［1］寺崎昌男・「文検」研究会編、一九九七『「文検」の研究：文部省教員検定試験と戦前教育学』学文社。［2］安藤豊、一九七七「『大正期』における『武官教師』（体操科担当教師）創出の試み」『北海道大学教育学部紀要』第30号、北海道大学教育学部、四八頁。［3］日本体育会日本体育大学八十年史編纂委員会編、一九七三『学校法人日本体育会日本体育大学八十年史』学校法人日本体育会。［4］は［3］と同じ。［5］内閣官報局、一八九八「体育奨励に関する建議案」『官報』（五月二四日）内閣官報局。［6］は［5］と同じ、一五頁。［7］は［5］と同じ、一五頁。［8］は［3］と同じ。

（二）坪井玄道と出会う

高等師範学校の教員になる

可児徳は、一八九七（明治三〇）年七月一五日に体操練習所を卒業し、同年一〇月には群馬県尋常中学校へ助教諭として赴任した。生徒たちに「体操」を指導する傍《かたわ》ら、一八九八（明治三一）年六月には「文検」の試験受験によって生理科の免許を取得する。その後、一八九八（明治三一）年一〇月には沖縄県尋常師範学校助教諭に転じたが、わずか六カ月後の翌年四月、高等師範学校助教授に任官された。可児徳、二四歳のことであった。高等師範学校は、一九〇二（明治三五）年に東京高等師範学校と改称するが、本稿では、それぞれの時代に沿って、その当時の校名を記していく。

可児徳の任官については、一八九九（明治三二）年の『東京茗溪会雑誌』（第一九八号）内、「高等師範学校記事」によると、同年七月に「本校及附屬中學校體操科ノ授業ヲ囑託ス」[1]という辞令を、校長・矢田部良吉のもとで受け取っているというが、東京都公文書館所蔵による一九一三（大正一二）年三月の「高等女学校設置ノ件」内の可児徳の履歴書や『東京高等師範学校一覧』[2]等の記録から、一八九九（明治三二）年四月とするのが適当である。つまり可児徳は、一八九九（明治三二）年四月には、高等師範学校の体操科の教員となり、同年七月には、高等師範学校体操科に加えて、高等師範学校附属中学校体操科の授業も担当することになった。

また、戦前期における高等師範学校校長は、表6の通りであるが、ここから可児徳の在任期間中の校

表６　戦前期における東京高等師範学校（①）の歴代校長

氏名	在任期間
諸葛　信澄	1872（明治 5）年 8月 – 1875（明治 8）年 4月
箕作　秋坪	1875（明治 8）年 5月 – 1877（明治10）年 2月
秋山恒太郎	1877（明治10）年 2月 – 1878（明治11）年10月
伊沢　修二	1879（明治12）年 3月 – 1881（明治14）年 6月 1899（明治32）年 8月 – 1900（明治33）年12月
高嶺　秀夫	1881（明治14）年 7月 – 1886（明治19）年 3月 1891（明治24）年 8月 – 1893（明治26）年 9月
山川　　浩	1886（明治19）年 3月 – 1891（明治24）年 8月
嘉納治五郎	1893（明治26）年 9月 – 1897（明治30）年 8月 1897（明治30）年11月 – 1898（明治31）年 6月 1901（明治34）年 5月 – 1920（大正 9）年 1月
河内　信朝	1897（明治30）年 8月 – 1897（明治30）年11月
矢田部良吉	1898（明治31）年 6月 – 1899（明治32）年 8月
沢柳政太郎	1901（明治34）年 1月 – 1901（明治34）年 5月
三宅　米吉	1920（大正 9）年 1月 – 1929（昭和 4）年11月
大瀬甚太郎	1929（昭和 4）年12月 – 1934（昭和 9）年 1月
森岡　常蔵	1934（昭和 9）年 1月 – 1940（昭和15）年 9月
河原　春作	1940（昭和15）年 9月 – 1945（昭和20）年 7月

①校名については、創設時には「師範学校」であり、その後「東京師範学校」「高等師範学校」「東京高等師範学校」「東京文理科大学」と校名を変更している。
出典）茗溪会百年史編集委員会編（1982, 970頁）より作成。

長名をあげると、①矢田部良吉（可児徳が関わった期間は、一八九九年四月―一八九九年八月）、②伊沢修二（一八九九年八月―一九〇〇年一二月）、③沢柳政太郎（一九〇一年一月―一九〇一年五月）、④嘉納治五郎（一九〇一年五月―一九二〇年一月）、⑤三宅米吉（一九二〇年一月―一九二七年九月）であった[3]。

可児徳は、三宅米吉が校長をつとめる一九二一（大正一〇）年に東京高等師範学校を退官し、その後、ひきつづき三宅米吉校長時代の同年一〇月より一九二七（昭和二）年九月までを同校の講師として関わっていくことになるが、その講師の期間を含めても、可児徳が東京高等師範学校に在職する期間に、もっとも長期に亘って校長をつとめていたのは、嘉納治五郎である。

そして、東京高等師範学校校長時代における嘉納治五郎の教育観は、以下の通りであった。

自分のもっとも失望したのは、森有礼氏の師範教育における功績の余りに挙がっておらなかったことであった。外観から見ておれば、森氏は大いに師範教育に心を注ぎ、東京師範学校を高等師範学校と改めて大いに力瘤をここに入れたようにきいていたが、自分の考えるところでは、森氏の着眼はよかったのであるが、同氏自身が教育のことに精通せず、素人考えでかれこれと案をたてて、これを実行した結果が、存外効果が挙がらなかったという始末になったのではあるまいか。

森氏は師範教育に順良・信愛・威重の三徳を主張したが、これは主張としてもとより悪くはないが、これが成績においてさほどの効果を顕していない。また、森氏は兵式体操を奨励し、軍隊教育のごとくに教育者を教育しようとした。これについても、自分は思いつきは悪いとは思わないが、これを行なう方法が当を得ておらなかったと考える。なるほど、古来教育において、一部分形から人を作りあげることはある、これにも道理はある。しかし、魂を入れてかつ形を作るのはよいが、形ばかり作って魂を入れなければなんの役にもたたない。[4]

嘉納治五郎は、「型」は必要となれば、いつでもできる。まず、必要なのは「魂」（精神教育）を創造することにあると強調する。それは、嘉納治五郎によって、それまでの「柔術」から、伝統的な「道」の概

表7　1899（明治32）年3月における高等師範学校体操科 学科課程表

学　科	第1学年	第2学年	第3学年(1学期)
倫理	1	1	実地授業
教育学	2	4	
国語	2	—	
生理衛生	3	3	
普通体操	9	9	
兵式体操	9	9	
計	26	26	

出典）東京高等師範学校体育科創設八十年記念行事準備委員会編(1995, 38頁)による。

念を内包させた「柔道」へ転化されたことに端的である。また、その後の日本の学校体育、体育界において、さまざまな体育（運動）内容の「武道化」[5]がすすみ、その発展をみたことはいうまでもない。

嘉納治五郎は次のように述べている。

　自分は高等師範学校校長就任以来、訓育は大いに重んじたが、兵式の形のごときは格別なる注意を払わぬことにした。高等師範学生がドイツ形の軍帽を冠っていたのを、普通の学生帽にかえたのを始めとし、寄宿舎における生活のすべてを、形式に拘泥せず精神を重んじ、万事の解決をしていった。[6]

一八九九（明治三二）年以降、可児徳が高等師範学校において、表7や表8の「学科課程表」のなかの「体操」を担当する教員であったことは確かであるが、その担当（授業科目）、―なかでも「普通体操」を担当したのか、「兵式体操」を担当したのかは、わかっていない。

しかし、可児徳が坪井玄道に師事していたことや『小学校体操教科書』[7]（一九〇七年）や『鉄棒体操』[8]（一九〇八年）などの著書から判断

表8　1900（明治33）年1月における高等師範学校体操科 学科課程表

学年別	第1学年			第2学年		
学科目	第1学期	第2学期	第3学期	第1学期	第2学期	第3学期
倫理	1	1	2	2	2	1
教育学	2	2	2	4	4	10
国語	2	2	2	—	—	—
生理衛生	3	3	5	5	5	5
普通体操	9	9	7	7	7	5
兵式体操	9	9	8	8	8	5
計	26	26	26	26	26	26

出典）東京高等師範学校体育科創設八十年記念行事準備委員会編(1995, 38頁)による。

すれば、「普通体操」であったと考えられる。だが、『教育的兵式体操書』[9]（一九〇七年）や『小学校兵式体操書』[10]（一九〇九年）等の著書も残していることから、明治四〇年代には「兵式体操」を担当していた可能性もある。

そもそも高等師範学校のはじまりは、一八七二（明治五）年九月発布の「学制」による小学校教員を養成する機関として発足したことにさかのぼり、同年九月には開校式をおこなっている。建学の精神は、「国民的ロマンチシズム」「実学主義」「庶民的教育」である。[11]即ち「国民的ロマンチシズム」とは、「我が國が世界の強大國となつた今日」[12]でも「皇室中心國家主義の形態をとって帝國の重責に任じ」[13]ていることであり、「実学主義」とは「学制」の精神にある通りであり、「庶民的教育」とは近世以来の「寺子屋、一般幼學所、公私學校等の教育法・設備・教育者等」[14]を否定的にとらえて、その改善を試みるというものであった。

可児徳は、そのような系譜にある高等師範学校に、体育に関しては一二年ぶりに開設された体操科の助教授に就いたわけであるが、当時、高等師範学校体操科は、官費で運営されるため、生徒に課される授業料はなく、定員は三〇名であった。当初は修業年限を二年と一学期とし、学科課程は表7の通りであったが、一九〇〇（明治三三）年一月の改正では表8のように修業年限を二年とし、「普通体操」よりも「兵式体操」の比重が増すものに改められた。

そして、可児徳は、高等師範学校に赴任した同年九月から官立外国語学校別科（ドイツ語）に入学し、勤務後の夜間を使ってその研鑽につとめている。それは、日本の体育の将来を先進諸国から学びたいという思いからであった。なかでも可児徳はドイツにその範があるのではないかと、ドイツ語を選択した。[15] 二年後の一九〇一（明治三四）年七月には、乙竹岩造ら七名とともに、[16] 同校を卒業した。

更に、可児徳は、一九〇六（明治三九）年三月より神田の正則英語学校において英語を三年間学び、一九一一（明治四四）年九月より独逸協会附属独逸専修学校高等科において、いま一度ドイツ語を一年あまり学んでいる。

可児徳にとって外国語の習得は、体育教員としてのキャリアアップに欠かせぬものであった。即ち、当時、日本の「体育」は海外にその範を求め、諸外国の研究こそ、その先端であった。少なくとも可児徳はそのように「体育」を見做していたといえるのではないか。

また、当時の高等師範学校においては、既成の体操を伝授することにとどまらず、あらたな体操の創造をすることにその任があった。それは既成の体操に飽き足らぬ社会的気運、国家的要請によるものでもあり、日本における体育史の変遷をみれば明らかなことであろう。

（参考文献）［1］「高等師範学校記事」一八九九『東京茗渓会雑誌』第一九八号、東京茗渓会。［2］東京文理科大学、一九三〇『東京高等師範学校一覧（自昭和四年四月 至昭和五年三月）』東京文理科大学。［3］茗渓会百年史編纂委員会編、一九八二『茗渓会百年史』茗渓会。［4］嘉納治五郎、一九九七『嘉納治五郎「私の生涯と柔道」』日本図書センター、二四八―二四九頁。［5］井上俊、二〇〇〇『スポーツと芸術の社会学』世界思想社。［6］は［4］と同じ、二五〇頁。［7］坪井玄道・可児徳、一九〇七『小学校体操教科書』大日本図書。［8］坪井玄道・可児徳、一九〇八『鉄棒体操』大日本図書。［9］可児徳、一九〇七『教育的 兵式体操書』出版社不明。［10］可児徳、一九〇八『小学校兵式体操書』晩成所。［11］東京文理科大学、一九三一『創立六十年』東京文理科大学。［12］は［11］と同じ、一二〇頁。［13］は［11］と同じ、一二〇頁。［14］は［11］と同じ、一二〇頁。［15］今村嘉雄、一九五〇「学校体育に寄与した人々（六）―可児徳―」『学校体育』第三巻一号、日本体育社。［16］唐沢富太郎編、一九八四『図説 教育人物事典：日本教育史のなかの教育者群像 中巻』ぎょうせい。

著書を出す

可児徳と坪井玄道の年齢差は二二歳であり、坪井玄道が年上になる。

一八九七（明治三〇）年、体操練習所に入学した可児徳は、坪井玄道から「普通体操」を学んでいる。これが史料で確認できる可児徳と坪井玄道の出会いとなる。そして、可児徳は、一八九九（明治三二）年、二四歳にして高等師範学校助教授に就いたが、この時、坪井玄道は、高等師範学校教授であった。もっとも、坪井玄道は、その翌年に、文部省から体操研究のために、イギリス、ドイツ、フランスなど、西欧諸国への留学を命じられている。一年後となる一九〇一（明治三四）年に一旦帰国するものの、すぐさま、アメリカ視察のために出国し、一九〇二（明治三五）年六月に帰国している。よって、可児徳と坪井玄道が学校体育の指導的立場に就いて、その功績を遺《のこ》すべく本格的に時間をともにするのは、一九〇二（明治三五）年以降のことである。

当時の体育界は、可児徳について次のように評している。

高等師範の助教授で坪井教授の女婿であつて殆ど坪井氏の手となり足となつて居るので、体育会の出身者中屈指の内だ、普通体操は最も得意とする処であつて極めて温良な人物、風采も宜く体操教師としては上乗な者だ。[1]

これは体育雑誌『体育学』（一九〇六年）の創刊号に掲載された「現今の体育家に対する批評（言いたい儘書きたい儘）」というエッセイからの引用である。[2] ここにはつづけて、―「『坪井教授の女婿』は事実でないが、誤解を招くくらいに坪井の後半生には密接不離の関係にあったのが可児徳である」[3] という一文もある。また、可児徳は「学生時代から人一倍努力家であった」[4] とも評されている。

一方、坪井玄道は、「温雅にして恪事に當つて忠實心を持すること和平嘗て一回も不平を漏らしたること」[5] がなかったとか、「人柄が温厚であり、勤勉さなどの長所は、常にこの世界の模範となるにふさわしい人物であった」[6] と評されている。

このように、可児徳と坪井玄道は、ともに温和で勤勉であったという人物評を得ているわけだが、その関係はたがいの能力を相乗させ、多数の共著書として残ることとなった。

可児徳による著書は、一九〇三（明治三六）年より一九三一（昭和六）年までの二九年間に、合計三五冊を数えることができるが、そのうち坪井玄道との共著書は、一九〇三（明治三六）年より一九一一（明治四四）年までの間に一一冊にのぼる（附録2を参照。ここに井口あくりらとの共著書[7]を含めば、一二冊になる）。

たとえば、可児徳の著書、第一作目にあたるクララ・ヘスリング（Klara Hessling）の訳書『女子運動法[8]』は、一九〇三（明治三六）年に坪井玄道との共訳著書として、学校体育のなかにダンスの浸透をはかったものであった。それ以来、ドイツの小学校や高等女学校で普及している女子用列舞を記述したア・ヘルマン（August Herman）の訳書『行進運動法[9]』（一九〇五年）や、小学校の体操法の教科書や小学校児童に適する運動遊戯を収録した『小学校体操提要[10]』（一九〇六年）、『小学校体操教科書[11]』（一九〇七年）、『小学校運動遊戯[12]』（一九〇九年）や、成人男女向きの社交ダンスの指導解説書としての『舞踏法初歩[13]』（一九〇七年）などと、可児徳は、いずれも坪井玄道との共著書を次々と世にあらわしていく。

このように坪井玄道に師事した可児徳は、坪井玄道との共著書を手がけることによって、普通体操、遊戯およびダンスを理解し、相当の感化を受けたものと考えられる。

坪井玄道と可児徳による一一冊におよぶ共著書は、いずれも普通体操や遊戯に関するものであり、その多くは小学校児童のための体操法であり、女子のための遊戯法であった。

坪井玄道は、「我國體育の祖[14]」「学校体育の父[15]」「普通体操の成立者[16]」「学校ダンスのあけぼのをもたらしたとも言える人[17]」などと紹介されるが、そもそも坪井玄道が教育界に身を投じることになったのは、英語教員としての才によるものであった。

一八七二（明治五）年五月、文部省は教員養成を目的とする師範学校を設置するに際して、「設立趣意書及規則書」を各府県に布告し、その生徒募集に着手した。

その規則には、「一、外國人一人ヲ雇ヒ之ヲ教師トスル事　一、生徒二十四人ヲ入レ之ヲ師範學校生徒トスル事　一、別生徒九十人ヲ入レ之ヲ師範學校付小學生徒トスル事　一、教師ト生徒ノ間通辨官一人ヲ置ク事[18]」などとあるが、ここで教育学の教師として招聘されたアメリカ人・スコット（Marion Mccarrell Scott）の通弁官に任じられたのが、師範学校に通訳として勤務していた坪井玄道であった。

一八七五（明治八）年四月、スコットは任期を満了し、解職となり、坪井玄道も同年に宮城英語学校教諭、更に一八七七（明治一〇）年からは仙台英語学校で教職に就くことになる[19]。

そして、再び坪井玄道は上京する。一八七八（明治一一）年一〇月、文部省は、①富強国家建設をめざす教育政策上の一環、②体育を専門とする教員育成機関の設置、③三育主義の観点から知育偏重体育軽視の学校教育の是正[20]、という三点を目的として体操伝習所を開設するにあたり、アメリカ人医師・リーランド（Gerorge Adams Leland）を教師として招聘し、その通訳に坪井玄道を任命したからである。

学校体育も近代化を目指し、明治初期においては「欧米体操の直訳時代[21]」といわれるように、外国語のできるものによって体育の概念および近代的な体操法などが盛んに輸入された。

前述の体操伝習所の設立目的について、②と③に関してはリーランドの意見に添うものであったが、①は医学者であり、個人主義的な教育思想が基盤にあるリーランドにとっては、馴染むものではなかった。また、当時、東京師範学校校長と兼務として体操伝習所の主幹に就いていた伊沢修二も軍事的観点から体操法の選定にあたることを否定し、あくまでも個人の身体的発育に注目をするものであった。

このように体操伝習所の創設期、リーランドが日本に伝えた体操とは、保健思想を根底にもつ軽体操(軽器具利用の体操)であった。それは、東京師範学校における講義録『李蘭土氏講義体育論』[22]として、一八八〇(明治一三)年頃にまとめられているが、坪井玄道が表題をしたため、全体の訳者は明らかでないが、坪井玄道も翻訳作業に関わった可能性がある。[23]

『李蘭土氏講義体育論』では、①体操の歴史、②遺伝について、③風土との関係、④風習、という四点を踏まえたうえで、体操の必要性を説いている。内容については、治療体操としての効用が説かれたリング(Pehr Henrik Ling)の体操およびダイオ・ルイ(Dio Lewis)の体操の流れを汲む立場にあった。

リーランドのいう体育とは、「主知主義から生ずる運動軽視と競技主義から起こる運動過剰との二つの危険を防止し、近代生活を有効に送るための健康な身体を形成すること[24]」にあり、個人よりも国家を優先する軍事体育や勝敗を競うあまりに弊害が多くみられる競技・スポーツを含むものではなかった。リーランドは三育主義の観点から、健康で活動的な身体づくりを第一目的とし、そのうえでつくられた体操こそ教育的であるものと見做し、その結果、それは「生涯を楽しむ事」「幸福有用の事」「現在其人及諸君の快楽[25]」に通じるとした。

そのようなリーランドの提唱した体育の内容は、①少力運動（軽運動）、すべての学齢児童・生徒の健康において必要。②多力運動（重運動）、強健な身体づくりに必要。兵式体操を含むが、児童・女子には不適当。競技には懐疑的立場、というものであった。[26] それゆえ、リーランドの体操とは、治療・予防医術として、「筋関係」「血液循環系統」「呼吸器」「栄養器」「皮膚」「神経系統」など、[27] 身体各部にもたらす効用を説くものでもあった。

だが、大熊（二〇〇二）によると、体操伝習所は一八八〇（明治一三）年一一月に、陸軍士官による調査のため「歩兵操練」の演習を実施する歩兵操練科を設置している。そして、それは結果として、一八八三（明治一六）年の「改正徴兵令」、ひいては一八八六（明治一九）年の「学校令」による小学校での「隊列運動」、中等学校以上での「兵式体操」の導入につながったという。[28]

リーランドの帰米は、一八八一（明治一四）年七月であり、坪井玄道はその後の体操伝習所において中心的な教員として、リーランドを後継する役割を担うことになっていった。[29] ここでも、坪井玄道をはじめ、体操伝習所の創設期に関わった体育関係者がどのようにして、医学・保健的な体育と軍事的な体育を共存させていったのかはわからない。

だが、坪井玄道は、一八八二（明治一五）年に、リーランドの滞日中における活動、―体操伝習所、東京師範学校（後の東京高等師範学校）、東京女子師範学校の生徒に教授した体操術を、『新撰体操書』[30] として刊行することで、医学・保健的な体育を世に公開し、その体育観を継承していこうとした。『新撰体操書』は、後に坪井玄道の代表的な訳書として評されることになった。

『新撰体操書』は、体操の目的および効能など、先の『李蘭度氏講義体育論』に重なる箇所も多いが、ここではあらたに体操法を、①徒手《としゅ》演習、②唖鈴《あれい》演習、③球竿《きゅうかん》演習、④木環《もっかん》演習、⑤豆嚢《とうのう》演習の五種に分け、それぞれの特徴を明記している。いずれも、保健・医学的な観点、あるいは身体矯正的な観点からの体操法であった。

更に、坪井玄道は一八八四（明治一七）年に刊行した『小学普通体操法』[31]において、リーランドがもち込んだ「ノーマル・ジムナスティックス」、―いわゆる「軽体操」を「普通体操」と訳し、それは、あらたな体操法として、次第に全国の学校へ普及していった。

そして、「普通体操」の定着は、一八八六（明治一九）年発布の「諸学校令」によって果たされる。しかし、皮肉なことに「諸学校令」は「体育」の概念を変容させると同時に、「普通体操」をも変容させた。即ち、森有礼の奨励する「兵式体操」が「身体形成よりも性格形成、換言すれば、体育よりも徳育の範囲に位置づけられるもの」[32]であったため、身体教育としての「普通体操」に、あらたに軍事的な隊列運動を加えたうえで「普通体操」と称することとなったのである。[33]こうして体操伝習所の創設期にみられた保健・医学的な観点にもとづく個人のための「体育」は、国家のための「体育」に呑み込まれていくことになった。

しかしながら、坪井玄道は、リーランドとともに過ごした三年あまりの期間で「普通体操」の第一人者となり、後の人生を学校体育の世界へ投じることとなった。いわば、坪井玄道は、一介の英語教員から、その語学力を頼りに先進諸国につながる扉を開き、自他ともに認める体育教員への転身を遂げたといえる。

一八八六（明治一九）年、体操伝習所は当初目的とした教員養成をすでに果したものとして廃止され、高等師範学校に吸収された。と同時に、坪井玄道も高等師範学校助教授に就き、その傍《かたわ》らで第一高等学校、帝国大学などでも教鞭を執《と》り、一八八八（明治二一）年からは、東京高等女学校においても「普通体操」を教授した。いずれも当時の「エリート」を輩出する役にある官立校ばかりであった。まさに学校体育の権威として、坪井玄道はその存在を確立していった。

しかし、明治三〇年代になり、新進の「スウェーデン体操」が安井てつ子、川瀬元九郎、井口あくりらによって伝えられたことで、それまでは「兵式体操」と並行しながらも学校体育の中心的位置を占めていた「普通体操」の地位はゆらぎはじめた。後述するように、時代は、「体操遊戯取調委員会」（一九〇四年一〇月—一九〇五年一一月）、「普通体操及兵式体操調査会」（一九〇八年二月—一九〇九年四月）を経て、「スウェーデン体操」が「普通体操」に替わり、学校体操の中心的地位を占めることになっていく。そして、同時に、坪井玄道も第一線から徐々に退《しりぞ》くことになるのである。[34][35]

明治二〇年代の政府は、不平等条約の改正を目論《もくろ》み欧化政策をとることになった。つまり、自衛であり、功利思想を端とした欧米諸国への注目である。[36] そして、海を渡ってやってきた先進諸国のあたらしい文化や文明は、日本の人びとに衝撃を与え、時に翻弄させ、あるいは盲目的な心酔もさせていった。いわゆる「鹿鳴館時代」が現出した。そこで繰り広げられた華やかな舞踊会には、伊藤博文をはじめ、山県有朋、井上馨、渡辺洪基、渋沢栄一、大倉喜八郎など、当時のトップ閣僚や知識人、実業家、そして、その夫人や令嬢らが集まり、政府の招聘によるドイツ人・ヤンソン（Yohannes Ludwig Janson）を教師として、西洋舞踊を学び、享楽に耽った[37]。富裕層が、われ先にと獲得したその服装、身ごなしをはじめ、身体の欧米化は、ゆるやかにではあるが、学校文化、あるいは学校体育のなかにも取り入れられていくことになる。

一方、学校体育のなかの「遊戯（舞踊を含む）」は、社交的な舞踊とはじまりを異にするものの、これもまた、欧米諸国を範としたものであった。

（参考文献）［1］唐沢富太郎、一九八四『図説 教育人物事典：日本教育史のなかの教育者群像 中巻』ぎょうせい、九三八—九三九頁。［2］は［1］と同じ。［3］は［1］と同じ、九三九頁。［4］は［1］と同じ、一二頁。［5］「体育界の元老坪井玄道先生逝く」一九二二『体育と競技』一巻一〇号、体育学会、一頁。［6］秋葉尋子、一九八一「カドリール（方舞）の紹介者③坪井玄道」女性体育史研究会編『近代日本女性体育史—女性体育のパイオニアたち—』日本体育社、四四頁。［7］井口あくり・可児徳・高島平三郎・川瀬元九郎・坪井玄道、一九〇六『体育之理論及実際』国光社。［8］クララ・ヘスリング、坪井玄道・可児徳訳、一九〇三『女子運動法』大日本図書。［9］ア・ヘルマン、坪井玄道・可児徳訳、一九〇五『行進運動法』大日本図書。［10］坪井玄道・可児徳、一九〇六『小学校体操提要』大日本図書。［11］坪井玄道・可児徳、一九〇七『小学校体操教科書』大日本図書。［12］坪井玄道・可児徳編、一九〇九『小学校運動遊戯』大日本図書。［13］坪井玄道・可児徳、一九〇七『舞踊法初歩』大日本図書。［14］は［5］と同じ、一頁。［15］今村嘉雄、一九五三『近世日本体育概史』日本体育社、三四頁。［16］は［6］と同じ、四五頁。［17］女性体育史研究会編、一九八一『近代日本女性体育史—女性体育のパイオニアたち—』日本体育社、八頁。［18］東京文理科大学、一九三一『創立六十年』東京文理科大学、五—六頁。［19］大谷武一・野口源三郎・宮畑虎彦・今村嘉雄・本間茂雄編、一九六九『増

補 体育大辞典』不昧堂書店。〔20〕木下秀明、一九七一『日本体育史研究序説』不昧堂出版。〔21〕は〔15〕と同じ、四〇頁。〔22〕今村嘉雄、一九六八『学校体育の父 リーランド博士』不昧堂書店。〔23〕は〔22〕と同じ。〔24〕竹之下休蔵・岸野雄三、一九五九『近代日本 学校体育史』東洋館出版社、一〇頁。〔25〕は〔22〕と同じ、一二二頁。〔26〕は〔24〕と同じ、一〇頁。〔27〕は〔22〕と同じ、八七―一六一頁。〔28〕大熊廣明、二〇〇一「わが国学校体育の成立と再編における兵式体操・教練採用の意味―明治・大正期を中心として―」『筑波大学体育科学系紀要』第24巻、筑波大学体育科学系。〔29〕能勢修一、一九五五『明治期学校体育の研究―学校体操の確立過程―』不昧堂出版。〔30〕ジョールジ・エ・リーランド編、坪井玄道訳、一八八二『新撰体操書』体操伝習所。〔31〕坪井玄道・田中盛業編、一八八四『小学普通体操法』金港堂。〔32〕は〔30〕と同じ、一二五頁。〔33〕は〔20〕と同じ。〔34〕上沼八郎、一九七二『近代日本女子体育史』不昧堂出版。〔35〕掛水通子、一九八三「藤村トヨによる私立東京女子体操音楽学校の再興―高橋忠次郎からの委任書をめぐって―」『藤村学園 東京女子体育大学紀要』第18号、東京女子体育大学。〔36〕富田仁、一九八四『鹿鳴館―擬西洋化の世界』白水社。〔37〕は〔6〕と同じ。

日本遊戯調査会の設立に関わる

坪井玄道の著書『戸外遊戯法』[1]は、主に小学校低学年や女学校の生徒を対象に活用され、中学校、師範学校では取り上げられなかったが、坪井玄道は「遊戯」を学校体育のなかに取り入れることに対して、早くより積極的だった。そこには、体操伝習所における伊沢修二からの影響も少なからずあったのではないか。なぜなら、一八七五（明治八）年に愛知県師範学校の校長であった伊沢修二は、同校附属小学校において「唱歌遊戯」を課している。これは、記録上では、日本の学校教育においておこなわれた最初の「遊戯」といわれる。[2] また、伊沢修二は、その後、文部省からの派遣によって、師範教育の研究のためにアメリカへ留学（一八七五年七月―一八七八年五月）しているのだが、その際には、音楽教育の研究もおこなっている。即ち、伊沢修二は愛知県師範学校の校長時代から、身体教育と音楽教育を密接な関係にあるものと解釈し、アメリカでの研究を経て、体育はもちろんのこと、音楽もまた、児童や生徒たちの健康上、とりわけ徳育的効果の大きいことを強調するのである。[3]

しかし、学校体育における遊戯論の展開は、明治三〇年代まで待たなければならない。一九〇〇（明治三三）年八月、「小学校令」と「同校施行規則」が公布され、「遊戯」は各学年を通じて実施されるものと位置づけられた。それを受け、一九〇〇（明治三三）年から一九〇二（明治三五）年にかけて、毎年二〇種ほどにのぼる遊戯書が出版され、[4] その内容もグーツムーツ（Johann FriedrichGuts-muths）の遊戯論を取り入れたかのように、唱歌、行進、競争、球技など、各種の内容を含み、多様性をもつようになる。

この時期に一致するのが、表9のように、当時の女子中等教育機関の中心となる高等女学校への進学率の急速な高まりや、それを背景とした活字メディアの普及である。[5] 当然、女子の教育機会の拡大やメディアによる影響は、学校体育にも大きな変化をもたらすことになっていった。[6]

更に、この時期は、日清戦争の緊張がとけ、日露戦争の緊迫感が湧き上がるまでの中間期にあたることもあって、「遊戯」は大流行をみることになる。[7]

表９　1885（明治18）年より1925（大正14）年における在学者数（千人）および学校数

	小学校		中学校		高等女学校		師範学校		専門学校		高等学校		大学	
	在学者数	学校数	在学者数	学校数	在学者数	学校数	在学者数	学校数	在学者数	学校数	在学者数	学校数	在学者数	学校数
1885 (M18)	3,097	28,283	14.1	106	0.6	9	7.5	56	8.8	75	1.0	1	1.7	2
1890 (M23)	3,096	26,017	11.6	55	3.1	31	5.3	47	10.3	36	4.4	7	1.3	1
1895 (M28)	3,670	26,631	30.9	96	2.9	15	7.3	47	9.8	52	4.3	7	1.6	1
1900 (M33)	4,684	26,857	78.3	218	12.0	52	15.6	52	14.9	52	5.7	7	3.2	2
1905 (M38)	5,348	27,407	105.0	271	31.9	100	18.9	66	29.5	63	4.9	8	5.8	2
1910 (M43)	6,862	25,910	122.3	311	56.2	193	25.4	80	33.0	79	6.3	8	7.2	3
1915 (T4)	7,455	25,578	142.0	321	95.9	366	27.1	92	38.7	88	6.3	8	9.7	4
1920 (T9)	8,633	25,639	177.2	368	151.3	514	26.6	94	49.0	101	8.8	15	21.9	16
1925 (T14)	9,189	25,459	296.8	502	301.4	805	45.5	99	67.3	135	16.9	29	46.7	34
1930 (S5)	10,112	25,673	345.7	557	369.1	975	43.9	105	90.0	162	20.6	32	69.6	46
1935 (S10)	11,426	25,799	340.7	557	412.1	974	29.8	102	96.9	177	17.9	32	71.6	45

注１）小学校は尋常・尋常高等・高等小学校。中学校には実業学校を含まず。高等女学校には、実科高等女学校を含む。専門学校には、実業専門学校を含む。
出典）東京高等師範学校体育科創設八十年記念行事準備委員会編（1995, 36頁）より作成。

また、高橋忠次郎による「日本遊戯調査会」が、「各種学校並びに家庭に於て行ふ遊戯の調査研究を為し、以て斯道完全の発達を帰する」[8]という目的をもって設立されたのも、一九〇一（明治三四）年九月のことであった。ここに、可児徳は、賛成員四四名のひとりとして設立時から関わっている。

そして、「日本遊戯調査会」の目的を達成するべく高橋忠次郎や可児徳らは、まず各学校教員を主な対象として会員募集をおこない、一九〇二（明治三五）年に約一、二〇〇人の会員数であったものを二年後には約三、〇〇〇人にした。更に、支会支部活動として、東京を中心に二府九県に支会と支部を設け、講習会の開催、機関雑誌『遊戯雑誌』の発行をおとなった。[9]

可児徳と高橋忠次郎を結びつけたものは、もちろん「遊戯」そのものであるが、ふたりの基底となる体育観に影響を与えた人物が、坪井玄道であった。高橋忠次郎もまた可児徳同様に体操伝習所廃止の時期に上京し、私立の体操練習所において、「普通体操」「兵式体操」「生理衛生解剖」「唱歌」「風琴」などを修めているが、[10]高橋忠次郎はここで坪井玄道に直接に教授を受けたわけではない。だが、坪井玄道の普通体操の「正系」で学んだという自負があった。[11]一方、この「日本遊戯調査会」の設立時に、坪井玄道はアメリカへ留学中であり、設立に関わる賛成員四四名のなかには入っていない。坪井玄道が「日本遊戯調査会」に関わりをもつのは、留学からの帰朝後、「日本遊戯調査会」の催した講演会の講師としてであった。[12]

また、高橋忠次郎は一九〇二（明治三五）年五月に私立東京女子体操学校（後に私立東京女子体操音楽学校と改称。現在の東京女子体育大学）を創立しているが、一九〇六（明治三九）年にはすべてを半《なか》ばでアメリカへ渡ってしまう。それは後述するように、「体操遊戯取調委員会」が一九〇五（明治三八）年一一月に文部省へ提出した報告への不満、[13]即ち、学校体育の中心が「普通体操」から「スウェーデン体操」へと切り替わったことを受け、従来のリズミカルな運動も隅に追いやられるといった圧迫、そして、坪井玄道が第一線から外れたことに対する憤慨からであった。[14]

このように「遊戯」が盛んになる時代にあっても、そもそも富裕層による華美な舞踊＝ダンスは人びとの生活感覚とはかけ離れたものであり、それを如何に学校教育的にアレンジしようとて、まず「体育」と「音楽」の地位そのものの低さ、加えてダンスの特徴から、「遊戯」は風紀上の問題を抱えるものという評価を受け、くりかえし批判を浴びた。また、「スウェーデン体操」がナショナリズムに添った富国強兵の気運にのって「硬教育」と見做されるほど、「遊戯」はその対《つい》になる「軟弱」なものと見做されていった。[15]

けれども、「スウェーデン体操」が熱狂的に歓迎されることに、高橋忠次郎のように不満を露《あら》わにする人物もいた。つまり、「スウェーデン体操」批判も同時に生まれ、その振り子は再び「遊戯」の方へと傾く。[16]

一九〇七（明治四〇）年四月の「師範学校規定」では、はじめて「遊戯」が男女とも予科、本科を通じ正課教材として取り入れられることになる。だが、一九〇九（明治四二）年、坪井玄道は東京高等師範学校を退官し、その後は高橋忠次郎の去った私立東京女子体操音楽学校で、高橋忠次郎の意を汲む藤村トヨのもと、講師として体操科を担当することになる。

そして、明治三〇年代から四〇年代に坪井玄道と可児徳が共著作によってくりかえし推奨した「行進遊戯」は、やがて大正期から昭和初期にかけて、「運動会の華」といわれたダンスへと発展していくのである。[17]

（参考文献）［1］坪井玄道・田中盛業編、一八八五『戸外遊戯法』金港堂。［2］福本久雄、一九八四「学校体育における遊戯の発達―明治・大正期を中心に―」『武蔵大学人文学会雑誌』第15巻3号、武蔵大学人文学会。［3］上沼八郎、一九六二『伊沢修二』吉川弘文館。［4］上沼八郎、一九七二『近代日本女子体育史』不昧堂出版。

［5］山本文雄編、一九七〇『日本マスコミュニケーション史 増補』東海大学出版会。［6］加藤節子、一九八七「雑誌『女学世界』にみる女子体育」『上智大学体育』第20号、上智大学体育学会。［7］竹之下休蔵・岸野雄三、一九五九『近代日本 学校体育史』東洋館出版社。［8］掛水通子、一九七九「高橋忠次郎に関する歴史的研究（1）―東京女子体操音楽学校の創立者として―」『藤村学園 東京女子体育大学紀要』第14号、東京女子体育大学、一一頁。［9］掛水通子、一九八一「女性初の体育教師養成機関の創設⑤高橋忠次郎」女性体育史研究会編『近代日本女性体育史―女性体育のパイオニアたち―』日本体育社。［10］は［9］と同じ。［11］は［8］と同じ。［12］は［8］と同じ。［13］は［9］と同じ。［14］は［8］と同じ。［15］は［4］と同じ。［16］今村嘉雄、一九五三『近世日本体育概史』日本体育社。［17］秋葉尋子、一九八一「カドリール（方舞）の紹介者③坪井玄道」女性体育史研究会編『近代日本女性体育史―女性体育のパイオニアたち―』日本体育社、五四頁。

（三）学校の体育を如何にするか

体操遊戯取調委員会の委員として

一九〇四（明治三七）年一〇月、文部省は、学校体育について、その目的や内容、施設設備に関することなど、基本的な問題を広く調査・討議し、その統一案を求めるべく「体操遊戯取調委員会」を設置した。そして、その対象は、主として小学校であったが、中学校、高等女学校、師範学校にもおよぶものであった。

委員長には文部省普通学務局長・沢柳政太郎が就き、委員には医学博士・三島通良、東京高等師範学校教授・坪井玄道、同校教授・波多野貞之助、女子高等師範学校教授・井口あくり、東京高等師範学校助教授・可児徳、日本体育会体操学校教員・川瀬元九郎、同校教員・高島平三郎の七名が委嘱された。当時、本来であればここに名を連ねたであろう東京高等師範学校教授・永井道明は、体育研究のために文部省より三カ年のアメリカ留学（一九〇五年一二月―一九〇九年一月）を命じられていたことから委員には加わっていなかった。[1]

「体操遊戯取調委員会」は、一九〇四（明治三七）年一〇月の第一回会合から合計三七回の審議を経て、一九〇五（明治三八）年一一月提出の報告書をもって終結し、その報告書は『官報』（一九〇六年一月一五日）にも掲載された。[2] 報告書にみる担当者は、以下の通りである。

一．体操科の目的（高島）
二．体操演習の基本的形式（高島）
　甲　基本的形式（高島）
　乙　基本的形式を定めたる理由（川瀬）
　丙　各基本的形式の目的（イ）生理的目的（川瀬）（ロ）訓練的目的（高島）
三．基本姿勢（井口）
四．体操演習の種類（井口）

五．体操演習要目の数例（井口）
　甲　体操（各箇）演習の例（井口）
　乙　体操（連続）測習の例（坪井・可児）
六．体操科に於て一定すべき必要ある事項（坪井・可児）
七．運動遊戯に関する件（坪井・可児）
八．各学校体操科に関する現行規定中改正を要する事項（高島）
九．普通教室に於て行ふべき体操遊戯（坪井・可児）
一〇．体操科教授上の注意
　甲　体操教授上の注意（高島）　乙　運動遊戯教授上の注意（高島）
一一．体操科の設備に関する件
　甲　体操教室に関する件（川瀬）　乙　体操教授用器械等（井口）
一二．女生徒の運動服に関する件（井口）
一三．体操と作法との調和に関する件（井口）
一四．撃剣、柔道に関する件（高島）
一五．学校運動会に関する件（高島）
一六．火災其の他変災の際に於ける動作練習の件（川瀬）
一七．国立体育研究所に関する件（高島）

一八．　体操科教員の待遇に関する件（坪井・可児）
一九．　体操科視学設置に関する件（坪井・可児）[3]

これによれば、委員のうち坪井玄道と可児徳だけが、常にふたりで各項目の担当者になっている。それは、委員長である沢柳政太郎は別にしても、一九〇四（明治三七）年一〇月当時の各委員の年齢をみると、三島通良／三八歳、坪井玄道／五二歳、波多野貞之助／四〇歳、井口あくり／三四歳、川瀬元九郎／三三歳、高島平三郎／三九歳であり、当時、二九歳と最年少であった可児徳への配慮からなのか。

坪井玄道と可児徳は体操のなかでも「連続体操」と「運動遊戯」、「体操遊戯」という内容をあつかっている。前述のように、坪井玄道は「遊戯」の第一人者ともいえる人物であり、「遊戯」の担当になることは、ごく自然なことであろう。そして、可児徳も高橋忠次郎との「日本遊戯調査会」での活動があり、「遊戯」についての研究は身近なものであったと思われる。そして、ここでおこなわれた調査は、日本における、体育に関するはじめての本格的な取り組みであり、可児徳のその後の体育思想に重要な役割を果たしたといえよう。

もっとも、ここでまとめられた報告書は、具体性に欠けるものとして、忽《たちま》ち全国の体育教員からの質疑を集めることになった。それを受け、一九〇六（明治三九）年七月、再度、井口あくり、可児徳、川瀬元九郎、高島平三郎、坪井玄道の五名の委員が集結し、報告書の解説および質疑への回答として『体育之理論及実際』[4]（一九〇六年）を刊行した。

『体育之理論及実際』の特筆すべき箇所は、「体操科の目的」以前に、体育の必要性や範囲、種類、定義などといった原理的な問題に迫っていることである。

即ち、ここでは、体育とは、単に生命維持のためばかりでなく、人生の三大理想である真・善・美の実現のために必要であるとした。[5]

そして、体育の範囲を、三種に定義し、①広義に、衛生運動等、身体に影響する自然および人為の事項を含むもの。②広義・狭義の中間として、単に運動のみを含むものだが、その運動は有意たるもの、無意たるものを問わず、あらゆる種類を含むもの。③狭義に、教育の一部に属し、有案的感化に限るもの、と区分した。[6] 体育の種類については、目的別にみると、①民間体育、②軍隊体育、③学校体育とし、性質別にみると、①体操、②遊戯、と区分した。[7]

これらをまとめて、「體育ヲ定義スレバ（中略）體育トハ、一定ノ方案ニ基キ、随意筋ヲ運動セシメテ、被教育者ノ身體及ビ精神ニ、所期ノ結果ヲ得シムベキ事業ナリ[8]」とした。

学校における体操科については、報告書と同様、その目的には、「（一）技術ノ修練、（二）身體ノ修練、（三）精神の修練[9]」があるとしたうえで、更にこれを以下の八つに細分した。

一　身體ノ動静ヲ問ハズ常ニ自然ノ優美ナル姿勢ヲ保タラシムルコト。

二　身體ノ各部ヲ均齋ニ發育セシムルコト。

三　全身ノ健康ヲ保護增進スルコト。

図２　『体育之理論及実際』（1906年）による体操（体操科）の目的

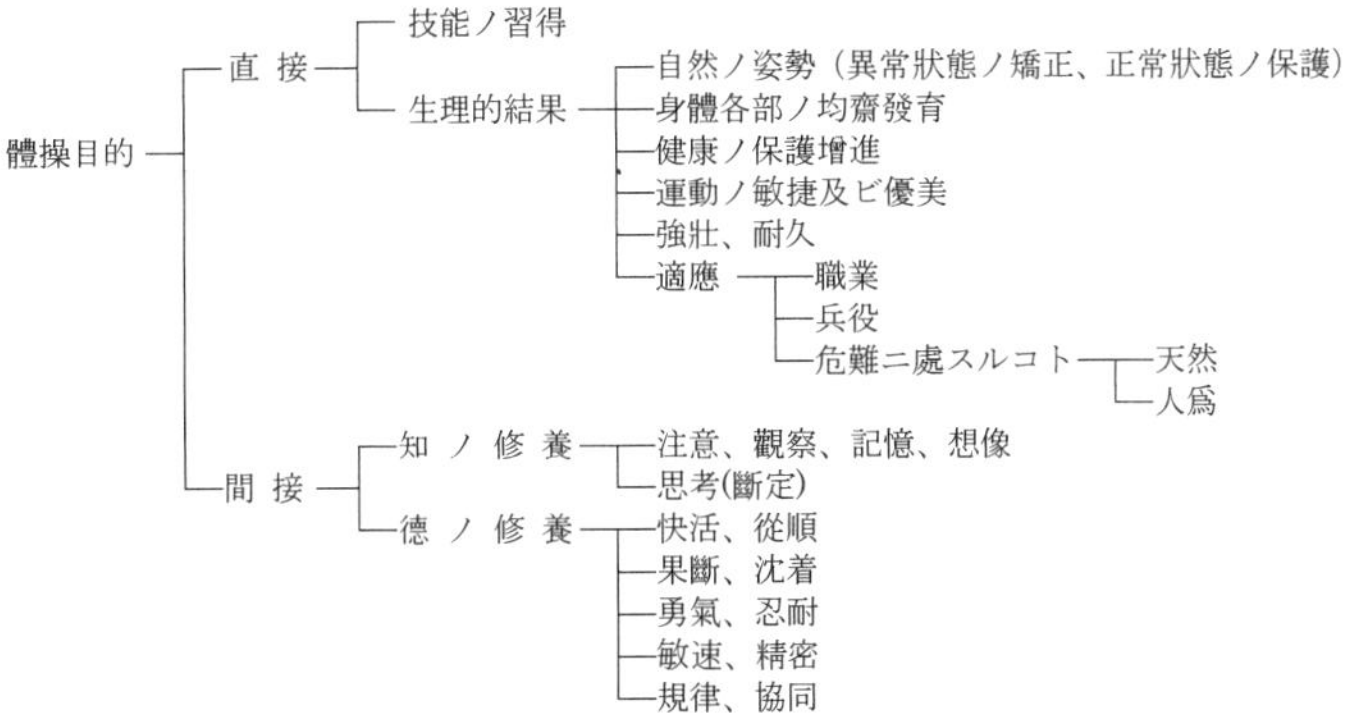

出典）井口・可児・川瀬・高島・坪井（1906, 38－39頁）による。

四　四肢ノ使用ニ際シテ強壯、耐久、機敏ヲ期スルコト。

五　生涯中最モ多ク遭遇スベキ運動、特ニ職業及ビ兵役ノ義務ニ服スルニ適スベキ練習ヲ與フルコト。

六　精神ノ快活・從順・果斷・沈着・勇氣・忍耐ノ諸德ヲ養ヒ、注意・觀察・思考・斷定・想像等ノ諸作用ヲ進ムルコト。

七　意思ヲ敏速且ツ精密ニ實行シ得ベカラシムルコト。

八　規律ヲ守リ、協同ヲ尚ブノ習慣ヲ養フコト。[10]

そして、これらの目的は、図2のように図式化された。

このように「体操遊戯取調委員会」による報告書や『体育之理論及実際』がつけた先鞭は、いずれも法規上にあらわれることはなかったが、その後の学校体育を方向づけたものとして、竹之下・岸野（一九五九）[11]は、次の四点の成果を挙げている。

①スウェーデン体操を体操科の中心教材とし、その指導法を順序立てて具体化したこと、②遊戯の価値を認めたこと、

③武道の正課採用に向けた建議が提案されたこと、④女子体育の振興に向けて、女子生徒・学生の運動服が考案されたことである。

以上のように、「体操遊戯取調委員会」は、目の前の問題解決に向けて取り組んだばかりでなく、将来的な課題、—体育の進歩改善のために、国立体育研究所を設立すること、体育教員（体操科）の待遇改善をおこなうこと、体操視学の設置の必要性なども提言した。これらは、いずれも文部省内で対応できる課題であった。ただ、学校体育を形成していくうえで、重要な課題のひとつ、—文部省だけでは解決ができない問題、即ち陸軍省との調整が必要になる「兵式体操」のあつかいや内容上の整理などは、ここでは先送りされることになった。

いや、木下（一九八二）[12]によると、そもそも「体操遊戯取調委員会」の主要な目的は二点、—一点目に、「普通体操」と「スウェーデン体操」との間にみられた教育現場の混乱を解決すること、二点目に、急激な「遊戯」の流行を規制することにあったという。それゆえ、大熊（二〇〇一）[13]は、文部省側は、当初、「兵式体操」を検討の対象にしていなかったという。だが、遠藤（一九九一）[14]によると、「体操遊戯取調委員会」は、「兵式体操」を本格的に調査したものではないが、同報告書では「兵式体操」を「兵式教練」と改称することによって、その内容の制限を狙う文部省側の意図があったと指摘している。

文部省に、遠藤（一九九一）[15]の分析する意図があったとすれば、それは、教員免許検定制度に関連する。即ち、「体操遊戯取調委員会」のまとめが提出される二〇年も以前になるが、一八八五（明治一八）年の「府県立学校ノ兵式体操及軽体操ニ関スル件」および一八八六（明治一九）年の「尋常師範学校尋常中学校及高等女学校教員免許規定」以来、陸軍教導団卒業者、あるいは軍人経験者が兵式体操科の教員に無試験で採用されるシステムが温存されてきたために、「低い水準の学力と教職的教養の欠如[16]」した兵式体操科教員が目にあまるほど増加し、それは、体育教員（体操科）全体の質を貶《おとし》めるほどに至っていたのである。

その対処として、文部省は、すでに「体操遊戯取調委員会」の設置以前、一九〇一（明治三四）年に、軍人が無条件で兵式体操科教員になることを阻止するために、兵式体操科と普通体操科を一本化させた「教員免許ニ関スル規定中左ノ通改正」をおこなっている。

この時点における陸軍省の様相と腹づもりは、「①日露戦争後の軍部の『良兵良民』のスローガンをもとにした国民教育全体に対する干渉、②学校体操のなかにスウェーデン体操や遊戯が普及・流行しはじめ、やがて陸軍戸山学校系の軍隊体操にも波及しかねない状況となり、それらと兵式体操との調整が求められること、③陸軍の予後備役下士の就職対策が求められており、兵式体操教員への道を確保すること、④一年志願兵の成績不振問題、中高等教育機関在学者の徴集猶予問題があり、中上流階層出身者の攻撃精神の振起を求めていたこと[17]」などであった。

このような背景から、陸軍省は「体操遊戯取調委員会」の報告書を黙認できず、一九〇六（明治三九）年一〇月、文部大臣・牧野伸顕宛てに「普通教育並ニ軍隊教育ニ於ケル体操ノ方式ニ関スル意見」を提出した[18]。ここで、陸軍省は、文部省に対して、「①学校体操を兵式体操で統一すること。②体操科教員を予後備下士官から補充すること[19]」を、次の根拠から要求した。「①これによって徴兵期間を短縮できる。②

表10　可児徳のみた各個演習と連続演習の比較

	各個演習	連続演習
目的	・心身の円満なる発展	・左と同様
内容	・矯正術、美容術	・徒手体操、唖鈴体操、舞踊または遊戯
段階	・児童生徒の心身の発達に応じること	・左と同様
種類	・基礎的な運動（基礎体操）	・各個演習から進歩発展した運動（応用体操）
特徴	・単調であり興味に乏しい、生徒に不人気	・緩急、変化があり、興味に湧き心神爽快、生徒に人気
	・直線的運動	・曲線的運動
長所	・容易く編成でき、教員の器量次第で変化応用が可能	・実際的で、短時間に全身運動が可能
	・器具、器械の応用範囲が広い	・各個体操よりは自我の形成が可能
短所	・実用的でなく、ひとつひとつの運動に長時間が必要	・ニヤケていて柔弱、不規律に陥り易い
	・誰にでも容易く編成できるから教員を怠慢化する。	・編成するのが難しい
	・運動がきまりきっていて、独立・自治の精神を滅却する	・器具、器械の種類が限られる

出典）可児（1907「改正体操について(続)」, 37－41頁）より作成。

体操教員の養成が容易である」[20]。文部省側の回答は、二点とも拒否。それが後述する「普通体操及兵式体操調査会」につながるのである。

可児徳は、「体操遊戯取調委員会」の解散後、その報告書の更なる解説と自らの意見を主張するために、教育雑誌『教育研究』に寄稿を重ねた。同誌第三二号には、[21]「スウェーデン体操」の効果や形式について、第三四号には、[22]「スウェーデン体操」で用いられる基本姿勢の説明をおこなった。そして、第三五号には、[23]従来、「体操」のなかで細分化されてきた「各個演習」と「連続演習」についてを「凡そ物には必ず長短の相伴ふもので非常に良い處があるかと思ふと其良い處が其物の短所たるを免かれない場合が多い」[24]との前置きをしたうえで、その特徴および長所と短所を表10のように述べた。

ここで可児徳がもっとも問題視したのは、「各個演習」の欠点、――「之は獨立自治といふ様な、人として最も大切なる資格を滅却することになる」[25]ということである。可児徳が体育教育で一番留意しなければならないとすることは、児童・生徒の「個性の發展如何に就て」[26]である。

だが、そもそも体操そのものが「個性を發展さす上に余り恰當な者ではない」[27]と断りを入れたうえで、「各個演習」については、器械的な動作になりすぎる傾向があることを、「連続演習」については、複雑化する動作になりすぎる傾向があることを批判し、「其欽點を補ふ爲に遊戯を行ふのである」[28]という。

そして、いつまでも学校体育が体操について「グズグズいふなら一切萬事全廢にするがよい」[29]とも述べるものであった。

〔参考文献〕［1］竹之下休蔵・岸野雄三、一九五九『近代日本 学校体育史』東洋館出版社。［2］井口あくり・可児徳・川瀬元九郎・高島平三郎・坪井玄道、一九〇六『体育之理論及実際』国光社。［3］は［2］と同じ。［4］は［2］と同じ。［5］は［2］と同じ。［6］は［2］と同じ。［7］は［2］と同じ。［8］は［2］と同じ、一四頁。［9］は［2］と同じ、一六頁。［10］は［2］と同じ、一六頁―三五頁。［11］は［1］と同じ。［12］木下秀明、一九八二『兵式体操からみた軍と教育』杏林書院。［13］大熊廣明、二〇〇一「わが国学校体育の成立と再編における兵式体操・教練採用の意味―明治・大正期を中心として―」『筑波大学体育科学系紀要』第24巻、筑波大学体育科学系。［14］遠藤芳信、一九九四『近代日本軍隊教育史研究』青木書店。［15］は［14］と同じ。［16］安藤豊、一九七七「『大正期』における『武官教師』（体操科担当教師）創出の試み」『北海道大学教育学部紀要』第30号、北海道大学教育学部、四九頁。［17］は［14］と同じ、六〇一―六〇二頁。

〔18〕は〔14〕と同じ、六〇三頁。〔19〕は〔13〕と同じ、六三頁。〔20〕は〔13〕と同じ、六三頁。〔21〕可児徳、一九〇六「改正体操に就て」『教育研究』第32号、初等教育研究会編集部。〔22〕可児徳、一九〇七「改正体操について」『教育研究』第34号、初等教育研究会編集。〔23〕可児徳、一九〇七「改正体操について（続）」『教育研究』第35号、初等教育研究会編集部。〔24〕は〔22〕と同じ、三七頁。〔25〕は〔22〕と同じ、四一頁。〔26〕は〔22〕と同じ、四一頁。〔27〕は〔22〕と同じ、四一頁。〔28〕は〔22〕と同じ、四一頁。〔29〕は〔22〕と同じ、四一頁。

普通体操及兵式体操調査会の委員として

「普通体操」と「兵式体操」の調整、体育教員の養成および質の問題を抱えて、文部省と陸軍省は、その調整を図るために、一九〇七（明治四〇）年一月、両省合同の「普通体操及兵式体操調査会」を設置することになった。

一九〇七（明治四〇）年三月、文部省側の委員として、文部省視学官・大島義修、医学博士・三島通良、高等師範学校教授・坪井玄道の三名の名が文部省から陸軍省に対して伝達され、その一三日後に陸軍省側の委員として、軍務局歩兵課長歩兵大尉・林太郎、陸軍戸山学校歩兵大尉・相良広一、陸軍士官学校附三等軍医正・篠尾明済の三名が、文部省側に伝達された[1]。

同年六月、文部次官室において、第一回調査会が開かれたが、その実態は、後に文部省側の委員となる永井道明によれば、「委員会なるものは、つひに一回も開かれずにしまつた。その理由の那邊にあつたかは、我々にはさつぱり判らない」[2]というものであった。しかし、竹之下・岸野（一九五九）によると[3]、文部省側の見解は、①体操と軍事訓練を区別すること、②小学校六カ年、中学校五カ年の計一一カ年の発達段階を踏まえて、自然に無理なく体育を実施するとともに、なるべく多くの運動を与えて発育を促進すること、③陸軍省委員の説は粗暴で非科学的である、というものであった。一方、陸軍省側の見解は、①スウェーデン体操などは眼中になく、陸軍歩兵操典や体操教範に準拠して学校体操を実施するべく、即ち、森有礼文相時代を再現し、兵式体操優位に学校体操を統一すること、②二カ年の教育で壮丁適令期以上のものを対象に問題を論じ、したがって、教授法はなるべく運動を簡単にして一定の型を示すこと、③体操教員には予後備下士官をもって補充することが、教員養成の経費節約になり有益であること、④文部省側の発言は西洋かぶれの理屈に傾くものである、と両省ともそれぞれの批難に終始した。

このように、文部省と陸軍省の見解の相違は、「普通体操及兵式体操調査会」を硬直化させ、早々にして委員の交代がおこなわれることになった[4]。

そして、可児徳が文部省側の委員として、文部次官・沢柳政太郎からの任命を受けたのは、一九〇八（明治四一）年二月のことであった。

だが、可児徳が委員に就いて半年も経たない同年六月、文部省側の委員である大島義修が第八高等学校の校長に命じられたことから[5]、「普通体操及兵式体操調査会」は、一旦休会となった。

その後、一九〇九（明治四二）年九月に「第二次共同調査会」として再開されることになるが、それは、一九〇九（明治四二）年一月にアメリカ留学から帰朝した永井道明を待っていたことから、諸種の審議を見送ってきたというものであった。

「第二次共同調査会」の委員には、文部省側からは、普通学務局・長松村茂助、東京高等師範学校教授・永井道明、文部省視学官・槇山栄次の三名が任命され、陸軍省側からは、軍務局長・長岡外史、軍医正・英健也、歩兵大尉・相良広一の三名が任命された。[6][7]

今村（一九五〇）によると、「文部省は、陸軍省とはかつて、四十一年二月二十八日に『普通体操及兵式体操調査委員』を挙げて、（中略）この時も可児さんは委員として任命せられた。（中略）四十二年に、全然メンバーを一新して再調査にかかった。この二回目の調査には（中略）可児さんも委員から漏れた」[8]というように、これは可児徳が一九〇八年（明治四一）年二月から「第二次共同調査会」が再開される一九〇九（明治四二）年九月まで、委員のひとりであったように伝えるものだが、可児徳はすでに一九〇九（明治四二）年四月に解任されている。だが、実際は、前述の通り、任命からわずか数カ月ほどで調査会そのものが機能していなかったのである。

「第二次共同調査会」における文部省側の中心人物は、永井道明である。永井道明はここで世界列強の最新の体育を語ることによって、その調整力を発揮した。永井道明は重ねて陸軍省側に赴き、感情化していた軍部に対し、「スウェーデン体操」の医学的根拠や合理的な考え方をあえて前面には出さず、それが祖国愛や「至誠奉公」の精神性から発するものであることを説いた。[9] そうすることによって、陸軍省側は「スウェーデン体操」を承認し、両省の議論にはひとまずピリオドが打たれた。

これにともない一九一〇（明治四三）年一月には「学校体操整理統一案」が「学校体操統一案」と改め

られ、それは一九一三（大正二）年一月、日本ではじめての「学校体操教授要目」として公布された。

このような経緯について、二宮（一九三四）は、「永井道明は學校體育の本質と軍隊體育のそれとを根本的に區別し、それに對する各々の特質を述べ、學校體育の本質を最もよく發揮させるために、學校自身の原則に基いて學校體操を確立した」[10]と評価する。だが、「学校体操教授要目」制定までの間に永井道明が全国各地で活発におこなった学校体育、個人体育、社会体育についての講演や講習での発言は、以下の通りであった。

軍隊の體操といふ事を簡單に述べて見やうと思ふ。で此の軍隊の方では、徒手體操及び器械體操といふ事になつて居る處が之は前の普通體操の方で述べて置いた輕體操及び重體操といふのと同じものである、即ち徒手體操は輕體操の一部、器械體操は重體操の中の主なるもの、で取りも直さず之は普通だの兵式だのと別つべき性質のものではない。さう云ふものは子供や女子には何、少年や青年のにはどれ、壯丁軍人のはどれと云ふ様にそれぞれ適用する人に依て其の種類を變へるに止まるだけの事で、元來が同様の性質のものである、之であるから此の事に就ては歐米何れの國に至つても無理に之を兵式體操といふやうに名を命けて居るのは何處にもない、獨り之れ有るのは日本の學校だけである。之は大に間違つて居ると思ふ。[11]

つまり永井道明は、欧州に視野を拡げると、「普通体操」とは、日本でいう「兵式体操」をも含むものであり、児童、生徒、女子、青年、軍人と、それは誰に課すかによってその体操の種類を変えれば事足り、本来同質のものであるといっている。

更に、永井道明は、「スウェーデン体操」について、以下のように述べている。

瑞典の歴史を調べて來れば軍人の體操なのである。女子供がやるやうになつたのは極近年の事と言つても宜い。之に由て之を觀れば瑞典の體操は女や子供に適する處か男も男も男中の軍人に適當して居るといふものである[12]（原文のまま）。

「普通体操」と「兵式体操」が同質のものとしたうえで、スウェーデンの体操は「軍人の体操」であるという。このように、永井道明は軍部に説明をし、陸軍の精神性に訴えかけたのだろう。それゆえ、陸軍戸山学校も「スウェーデン体操」の採用に踏みきったものと思われる。

そして、永井道明は、学校体育の将来に対する希望を展開する。

まず、「体操遊戯取調委員会」の労を称えたうえで、だが、それは研究ばかりに走りすぎ、実行を疎かにしてきたのではないかと批判する。永井道明は、とにかく実行することの必要を述べ、改良は漸次加えていけば良いと説く。そして、すぐさま、次のように早急に改良すべき三点を挙げている。

一点目には、「運動準備」である。「之は我國軍隊に完全な教錬があるから、それに準じて行ふべきもので、殊更に、學校體操に於て新に之を設くる必要はない。否、必要のないばかりでなく二重の類似のものを併せ課するといふことは、却て不都合である。彼の兵式の教錬と普通體操の隊列運動との時間は異れる、二種の形式によつて『右向け』『廻れ右前へ』などをなさねばならぬ滑稽を演ずるに至つたのは、全く之れが爲めである。そこで之れは是非軍隊のそれと一致さすべきものであると信ずる」[13]。

二点目には、「種類の過多」である。これは充分に精選する必要があると述べるのみで、如何なる種類が学校体育に適する体操であるかについては言及していない。

三点目には、「遊戯」についてである。永井道明の見解によれば、「遊戯」とは、「體操と分離して、體操は體操、遊戯は遊戯といふ風に孤立して課すべきものではない。全體操の一部分として統一的に行はねばならぬ。即ち毎時限に於ける成分の完備をなすために遊戯を體操の内に組み入れて課すべきである」[14]ということである。

ここでみられる永井道明の体育観とは、軍事教練に最善のものが既存するならば、それを学校体育に取り込むことも厭《いと》わない、という積極的な姿勢といえよう。そして、体操と遊戯を融合させてしまう、両者を混合することで前進をのぞむ、という大胆な考えでもあった。

〈参考文献〉［1］遠藤芳信、一九九四『近代日本軍隊教育史研究』青木書店。［2］永井道明、一九二五「所謂軍事教育に就て」『教育論叢』第30巻第1号、文教書院、七〇頁。［3］竹之下休蔵・岸野雄三、一九五九『近代日本　学校体育史』東洋館出版社。［4］は［3］と同じ。［5］名古屋大学史編集委員会編、一九九五『名古屋大学五十年史』通史一、名古屋大学出版部、二五七頁。［6］木下秀明、一九八二『兵式体操からみた軍と教育』杏林書院。［7］森田信博、一九九九「秋田県における学校体操教授要目への対応と体操科の改善について」『秋田大学教育文化学部研究紀要　教育科学部門』第54集、秋田大学。〔8〕今村嘉雄、一九五〇「学校体育に寄与した人々（六）―可児徳―」『学校体育』第3巻1号、日本体育社、一三頁。〔9〕は〔3〕と同じ。〔10〕二宮文右衛門、一九三四『体育全史』四五〇頁。〔11〕永井道明講述、平本直次編、一九一三『体育講演集』健康堂、五一頁。〔12〕は〔11〕と同じ、五四頁。〔13〕は〔11〕と同じ、八二頁。〔14〕は〔11〕と同じ、八二頁。

二　体育・スポーツに求められるもの

日露戦争の勝利は、一方で日本の人びとを、世界的な軍事強国の民であると高揚させた。そして、その経験によって軍部は、政治的発言力を増し、昭和期の戦争につながる「『日本型』軍事思想[1]」、――「外国の軍事思想摂取の積極性は失われ、日露戦争の勝利の『教訓』にもとづく『皇国独特』の兵学、『日本式戦法[2]』」を確立させた。それは、朝鮮半島の植民地化、南満州鉄道獲得による満州進出、そこを足がかりとした中国への勢力拡張政策へとつながり、帝国主義的な政治路線を決定的なものにしていった。だが、もう一方では、その戦勝に酔いしれる間もなく、日比谷焼打事件[3]、――「戦時下の鬱積した生活苦からくる民衆の不満の爆発[4]」に象徴されるよう、時代の転換を自らの手で掴み取ろうとする人びとを現出させた。

教育界においては「教育ニ関スル勅語」（一八九〇年一〇月公布）にみる天皇主権国家という枠内にあったにしても、従来の管理主義的訓練としての教育のあり方に対する批判が、教員をはじめとする現場レベルから生まれ、画一的注入教授に対する改革が叫ばれるようになっていく。また、日露戦争を経て、帝国主義国家を自負する日本にとっても、国家的レベルの教育改革の必要性も次第に自覚されていくことになる。この時期にみられる国家的レベル、――「上」からの教育改革とは、「小学校令」（一九〇七年）や「戊申詔書」（一九〇八年）、国定教科書の全面改訂（一九一〇年）などが挙げられるが、現場レベルと国家的レベル、この双方が意図する改革には大幅なズレが生じ、その構図は抑圧と解放というかたちをとった。「上」からの抑圧に対する解放の動きは、社会主義や労働運動、自然主義文学の影響を受けた初等・中等教育の教員を中心に「近代的個の自覚」[5]として生じ、それは「教育ニ関スル勅語」的精神の矛盾をあぶり出させ、その懐疑が実践にまで高められていくことになる。そうなればこそ国家的レベルでの「忠君愛国」イデオロギーの更なる注入がなされ、大逆事件や幸徳事件を契機として、教育界も一旦は閉塞状態に陥《おちい》らざる得ない状況に展開していく。

そして、迎えた大正期は、明治期四五年間と昭和期六四年間の狭間になる、わずか一五年の期間であるが、近代体育史の視座によると、第一次世界大戦を契機に、一九一九（大正八）年、あるいは一九二〇（大正九）年を境にして、「大正前半期」「大正後半期」と区分することが一般的である。そして、その一五年間に対する評価は、「最も解釈の困難」な時代[6]といわれる。それは体育に限らないことであろうが、近代と現代が衝突する時期、換言すれば、近代から現代への転換があらゆる側面において現出した時期といえよう。

また、大正期は、「ひろく国民諸階層の民衆が、それぞれの自覚をもって歴史にはなばなしく登場[7]」した時代ともとらえられるが、たとえば、第一次世界大戦を転換点とする資本主義経済体制の発展は、工業化や都市化を推し進めるとともに、政治的な眼をもつ労働者階級を生み、デモクラティックな思想をもつ中産階級を増大させた。更に交通、通信などのインフラの整備にともない、教育水準の向上、―中等教育・高等教育機関の拡充[8]、とりわけ女子中等教育の量的拡大、出版業の発展、「大衆文化」としての音楽、絵画、文学、スポーツの国際化などが進展した。当然、これらは人びとの生活スタイルに直結し、イデオロギーの転換をも促すものであった。このような時代に、積極的であったか消極的であったかは別にして、人びとはあらゆる側面において欧米化され、それは「享樂追求」「個人主義的功利観念[9]」などと揶揄《やゆ》されることにもなった。

　また、軍事強国を自負する国家は、日清・日露戦争間において加速度的な軍備拡張を遂げ、日露戦争から第一次世界大戦に至る期間においては、世界規模で空前の軍備拡張が進められていった。そして、ワシントン会議における海軍軍縮条約やロンドン海軍軍縮条約による世界的規模の軍備縮小を経て、ワシントン・ロンドン両条約の失効（一九三六年、但し日本はすでに一九三四年一二月に軍縮条約離脱を閣議決定）から第二次世界大戦までの期間の大軍備拡張へと展開していった[10]。

　要するに、大正期は「日清、日露の兩戦役に於てその實績を宣揚する時機に際會し、東洋の日本から世界の日本にまで躍進するに至つた[11]」とする自負心と、「日清・日露の国運を賭けた戦いのあと、『お国のために』という呪縛が解かれた大衆[12]」が現出し、天皇主権国家という枠内にあっても、個人を主張する人びとが生まれた時代であった。そして、学校教育もまた、このような時代の影響下で、人びとの「自由」を抑制するべく設置された「臨時教育会議」をはじめとする、国家主義的、帝国主義的な観点による教育観と、大正自由教育における個人主義的な観点による教育観が拮抗することになるのである。

（参考文献）［1］山田朗、一九九七『軍備拡張の近代史 日本軍の膨張と崩壊』吉川弘文館、三九頁。［2］は［1］と同じ。

［3］橘与志美、一九九九「大正デモクラシー期の教育と思想に関する研究」『大東文化大学紀要』第37号（社会科学）、大東文化大学、二頁。［4］井手文子・江刺昭子、一九七七『大正デモクラシーと女性』合同出版、一九頁。［5］中野光、一九九八『大正自由教育の研究』黎明書房、一〇〇頁。［6］竹之下休蔵・岸野雄三、一九五九『近代日本 学校体育史』東洋館出版社、一二六頁。［7］は［4］と同じ、四頁。［8］藤原喜代蔵、一九四三『明治 大正 昭和 教育思想学説人物史』第三巻 大正年代篇、東亜政経社。［9］は［8］と同じ、八六頁。［10］は［1］と同じ。［11］は［8］と同じ、二頁。［12］速水融・小嶋美代子、二〇〇四『大正デモクラフィー—歴史人口学で見た狭間の時代—』文藝春秋、四二頁。

（一）体育教員論や体育論を展開する

体育教員論　読書をして自らを磨こう

高等師範学校において教員養成という使命を帯び、可児徳は、初等・中等教育機関の教員養成に軸足をおいて日露戦争後のあたらしい教育を求め、表舞台に上がった人物のひとりであった。

結論からいえば、可児徳のそれは画一的・形式的な「体操」を中心とする学校体育の内容を、自主的・自治的で創造性に富む「遊戯」および「競技」を中心としたものへと改革すると同時に、体育教員の意識改革をも推し進めようとするものであった。

そのような主張は、すでに一九〇二（明治三五）年五月、可児徳が二七歳の時、「体操教員同志会」の理事に就任した頃からはじまっている。同会理事には高橋忠次郎も名を連ね、理事への就任は、一〇〇人強の会員の互選によるものであった。同会の目的は、「遊戯」の普及と発展のために、体育研究者および体育教員の団結を促すというものであったが、実質的には、「遊戯」ばかりに限らず、「文検」受験者に対する講習、機関雑誌の発行、就職斡旋等と幅広い活動を展開している。[1] 更に、同会はその附属的存在として、日本ではじめての女子体育教員養成校として私立東京女子体操学校（現在の東京女子体育大学）を同年五月に開校させている。[2] だが、明治三〇年代においては「体育」だけを掲げる女学校では生徒の確保は儘ならず、[3] 同校は早くも開校の五カ月後にその間口を広げるべく「音楽」を抱き合わせた私立東京女子体操音楽学校として再スタートを切っている。

しかしながら、このような先駆的な創設事業に取り組んだ高橋忠次郎をはじめ、ともに「日本遊戯調査会」の関係者であった山崎周信、松平直敬、永井直哉らの存在が、可児徳に与えた影響は計り知れないものがあろう。

こうした状況のなか、可児徳は一九一〇（明治四三）年七月『体育』（第二〇〇号）誌上に「体操家諸君に告ぐ」と題した啓蒙的な原稿を載せている。ここから、可児徳が、当時の体育および体育教員を如何にとらえていたかをみていきたい（以下、引用はすべて可児徳（一九一〇年）による）。[4]

当時は、可児徳によれば「近頃體育を口にする人は幾分多くはなつたが、之はほんの口にするといふのみで、眞に痛切に其の必要を自覺して之を奬導するといふ人士は少ない」状況であった。それは、学校体育における時間配当、内容、設備の面、社会体育においては公園、体育場の建設などが進展しない現状から歴然であるという。つまり、体育とは「眞價値を認められてない」まま、「一時の人氣取りに之を利用する」ばかりで、「有つてもよし、無くともそんなに困りはせぬといふ位の程度」に位置づけられているという。

たとえば、可児徳は、専門教育に属する音楽や美術は、学校教育および社会活動的にも著しい進展がみられるが、「なぜ體育許りがそんなに不景氣であるか」と考え、その要因を以下の四点と分析した。

一点目は、「體育」の概念が曖昧であるために、「眞に此必要がわからぬ」ことである。それは、体育教員の「運動と體操とは同一であるかの如くに心得て居る」認識のあり方、保護者の「一里も二里もの山途を通學するものに體操の必要があるか。小供は跳ねたり躍つたりするものである」という意識によるものとする。

二点目は、日本の「運動の趣味に乏しい」歴史的経緯に加えて、「運動」および「體育」が、いまだ一般に浸透していないことである。更に「體操」は観賞するに「面白い者」ではないことである。

三点目は、体育に従事するものたちの社会的活動性の「呑氣」さ、「手輕な消極主義で、自分さへ眞面目に務めて居ればよいといふ」利己的な姿勢である。また、「物の進歩は互に意見を戰はし切磋琢磨するに由りて得らるゝ」ものだが、体育界には「唯一人の評論家といふ者がない」ことに明らかなように、向上する余地に乏しいことである。

四点目は、体育教員は他の教科の教員に比して、「人格」「學力」「常識」「技量」など、すべてにおいて「平均點がチト低くはなからふか」ということである。特に、「昔の豪傑時代」の体育教員の質は低いものであったが、それは「其人のみの罪ではない。全く時代の罪である」という。即ち、「其當時の考では、體操教員にエライ人はいらぬといふのが、抑も誤解の出發點である。體育を單に運動とのみ心得たのも、軍事教育の一部を以て體育の全部なりと誤解したのも爭はれぬ事實。體操教員は頑丈で恐ろしい顔で、生徒の監督に任じ時には警官の任務に服すべき者なりと解釋した時代思潮が體操教員を高上發展せしめなかつた主なる原因である。」それゆえに「體育」は「輕視」されているという。

ここから知ることは、可児徳は、①「体育」の概念の普及と定着を課題としていたこと、②「する体育」ばかりでなく「見る体育」としての観点をもっていたこと、③レベルの低い体育教員をはじめとする体育関係者を生んだ、前時代の「体育」に対する認識のあり方について、批判的なまなざしをもっていたということである。

即ち、「体育」の将来的な発展のために前時代からの意識改革を求めたわけだが、具体的には、まず誰よりもそれを伝達する任にある体育教員、――「今日では體操教員も新知識の人が多」く、「優良」になってきているものの、「職責徒らに重くして之に對する待遇は實に悲慘な」体育教員らに対して、前時代に屈せず、惰性的になることなく、教員個々の意識向上を促すものであった。

可児徳は鼓舞するように「奮勵一番其道に對する從來の輕侮を打破し、新光明を發輝せねばならぬ」と呼びかけ、その方法としては、「常識の修養」「不絶研究的態度」「技術を練る」「協力一致」の四点を説いた。

一点目の「常識の修養」では、「普通教育」をきちんと学習したうえで、「常に世間から遠ざからぬ様、新聞雑誌（特に教育雑誌）に眼を通ずること」、「又常に人格の昂上に意を注」ぐことが必要であるとし、なかでも「人格を高くするには讀書が尤もよい。（中略）古聖賢の經典は申すに及ばぬ事ながら、予が諸君に推薦せんとするもの、中澤柳氏の教師論等は實に時弊に適したる好著述であると信ずる」といった。「澤柳氏の教師論」とは、一九〇八（明治四一）年刊行の沢柳政太郎による『教師及校長論』[5]のことであろう。

つづけて、「時々自分の欽慕して居る名士とか、高僧とかを訪問するのが己れを磨くのに最良の方便であらふ」、はたまた「何か高尚な道樂に依りて、自身を束るのもよからふと思ふ。特に自然を樂しむ如きは予輩の尤も好む處である」という。

そして、以下のように、くりかえし強調している。

> 體操家等總て身體を多く使用する人は、頭腦を錬ることとの心掛けを忘れてはなるまい。長く體操教師なぞして居ると、血液が頭に集中する習慣が段々薄らいで來るが爲め、潜心學理を考へ、思想を錬るといふ様なことが不得手になるもので、そういふ事が段々いやになり、又出來なくなつて來たといふ人も段々ある（傍点は原文のまま）。

学力の延長上にあるともいえる「人格」に関わる欠点は、「体育」以外の教科の教員の場合は、さほど目立たないのだが、体育教員は「言語の上なり、動作の上なり、種々の點に於て缺點を見出され易い機會が多」く、ゆえに体育教員の質の向上とは、イコール「校風自づと昂がることは殆んど疑なきこと」であると、校内におけるその影響力の大きさを述べている。

次に、二点目の「不絶研究的態度」は、前述の「常識の修養」に重なる箇所が多いが、要《よう》は視野を広く持たねばならないことを説く。それは「体育」という一教科のためばかりでなく、その教員自身のために必要なことであるという。たとえば「毎日々々廻はれ右前へと號令する」ばかりでは危険極まりなく、「休息中には小説を讀ん」だり、「体育」に関する「書物はよかれ惡しかれ一通りは眼を通して置かねばなるまい。（中略）のみならず之に對する自分の意見もなくてはなるまい」という。しかし、「名の知れた人」や「高官に居る人の説ならば、自馬非馬の説でも御尤といふてきく」態度ではなく、かといって「何もわからず頑迷一點張りは尚更こまる」という。

三点目の「技術を錬る」ことについては、ことば通りであるが、加えて「模範的の體格を作り又模範的運動能力を養ふ」ことに邁進しなければならない体育教員の加齢を取り上げ、高齢であっても生徒に対し傍観者的に終始することなく、「意氣」を失わず、技術の向上につとめ、「強き自信」をつくり出さなくてはならないという。

そして、四点目の「協力一致」では、しばしば体育教員は「他を排濟しやうとする傾向」が見受けられ、また「枝葉の小競合」のようなことを起こしたり、あるいは自らの研究に「熱心餘つて私闘に陥ったり」「人を毀つけ己が徳を損ふ」などということがあるために、「協力一致」の意識が必要であるとする。

可児徳は、希求する。

現今體育に從事して居る人は恐らく數百人を超へてることであらふ。是丈の人が團結したならば實に大勢力を現出することが出來るのである。然るに悲し哉、是れ迄にはそんな結合が出來ないで居る。之からは團體の力でなくては何事も成功は覺束ない。眞に私道の爲に盡さんとする熱情なる諸君よ、諸君は我國の體育を雙肩に擔ふて居る人々であるからには、宜しく小異を捨て大同に從ひ旗鼓堂々道の爲に天下に呼號しようではありませぬか。

可児徳は、ここで「旗鼓堂々」という熟語を用いているが、これまでの発言から明らかなように、団結を求めるのは、あくまでも学校体育の地位向上と体育界の発展のためである。ひとりでは叶わないことでも、多くの体育教員がともに意識改革をし、日々の言動、研究、協力によって体育改革をしようということである。即ち、可児徳は日露戦争後の「下」からの改革のエネルギーを集結しようと、それをひとつの運動にまで高めようとしていたといえよう。

（参考文献）［1］掛水通子、一九七九「高橋忠次郎に関する歴史的研究（1）―東京女子体操音楽学校の創立者として―」『藤村学園 東京女子体育大学紀要』第14号、東京女子体育大学。［2］藤村学園八十年史編集委員会編、一九八三『藤村学園八十年のあゆみ』学校法人藤村学園。［3］藤村学園創立百周年記念記録等作成実行委員会編、二〇〇二『藤村学園100年のあゆみ』学校法人藤村学園。［4］可児徳、一九一〇「体操家諸君に告ぐ」『体育』第200号、日本体育会。［5］沢柳政太郎、一九四〇『教師及校長論』第一書房。

日本とアメリカの体育比較論　留学先のアメリカで目にしたもの

一九一五（大正四）年二月、四〇歳を迎えた可児徳は、文部省より体育状況視察のために、留学の辞令を受けている。この時までに共著書が大半とはいえ、二四冊におよぶ学校体育に関する書物を刊行し、うち三冊は翻訳本も含まれた。また、高等師範学校赴任後にはドイツ語と英語の習得にも時間を割き、ドイツへの留学をのぞんでいた。[1]

しかし、時代は第一次世界大戦の最中《さなか》とあり、行き先はアメリカに決定された。

一九一五（大正四）年二月、可児徳は日本を発ち、同年五月、アメリカに到着した。早速、シカゴ大学に身を置き、スタッグ（Amos Alonzo Stagg）による指導のもと、同年一〇月まで競技スポーツについての研究をおこなった。[2]

到着直後の五月二六日、可児徳は、その体育状況に対する興奮を伝えるべく、同僚の峯岸米造に手紙をしたためている。

當大學の體育場は（小生の見たる他の三個の大學及びハイスクール、グラムマースクール等何とも見事なるジムネージアムを有し候）可なり見事なるものにて、其の設備の完全は、遺憾ながら日本では眞似事も六ヶ敷と存候へども、二三の點は、吾國寄宿舎等に於ても設備に困難無之と存候。當體育場は大學構内の北西端に有之、場内には木馬、水平棒、並行棒、吊鐶、啞鈴、棍棒、ワンヅ（木の棒）、チエストウエート（ゴム紐を以て重錘を引上げ運動する器具）、メヂシンボール、バスケツトボール等有之、新器械とては無之候共、午後規定の時間と相成候へば、學生は何れも運動服に着換へ（着換場所は下層にあり、一々錠を下ろす戸棚を有し候之をLockerと申候）各自好める運動を行ひ候。教師は隨時其の指導に任ずる者にて、六ヶ敷鐵棒の體操を行ふ者あり、極めて簡單なるチエストウエートを行ふあり、或は數人にてメヂシンボールを投げ合ふあり、又は三階廻廊のトラックにて驅歩を行ふあり、思い思いの運動を爲し、終つて下層に設けあるShower（此のシヤワーは湯、水何れにても出づる仕掛）にて汗を洗ひ清め、歸宅する仕込に候、當大學にては一年生のみは、最初の二學期間共同體操を行ひ、二年以上は好める運動を選擇する自由を有し卒業迄運動を行ふ義務あり、之を怠る時は卒業を許さざる規定の由に候。[3]

可児徳は、まず、大学、高校における運動施設、設備、器具の充実に目を止め、次には学生が自主的に各自に見合った運動をおこなっていることを伝えている。たとえば運動を卒業要件のひとつとするシカゴ大学では、一年生は共同で体操をおこない、二年生以上は自由に運動の種類を選択して良いことになっている。

また、外出すれば、「野外公園等に於ける一般人士のベースボール、フツトボール、ゴルフ、テニスは至て盛大に候」[4]と伝え、「日本の公園は、見る公園の觀有之候へども、當地の公園は運動する公園の様見受けられ候」[5]と、アメリカと日本の公園の相違を述べる。更に「日本にては六ヶ敷と存候へども、女子がラケットやゴルフのスチックを携帯横行濶歩し居る様子は、我國にては見る事を得ざる光景に候」[6]と、驚きをもって活動的なアメリカの女性の姿を伝える。そして「當國の女子は、男子に出來る程の事ならば、何事にても出來得るのみならず、女子も之を行ふべき權利あるものと解釋するものの如く思はれ候。女子が自働車を運轉するあり、自働自轉車に乘るあり、馬は勿論の事、男子の行ふ運動にて女子の行はざる者無之様に御座候。(但し女子のベースボール及びフットボールは未だ見受けず)」[7]と、女性が男性と同等に運動に参加することとは、ひとつの権利であるとの印象をつづっている。

当時のアメリカでは、各都市における犯罪事件や青少年の不良化に対する抑止効果を見込んだうえでの運動遊戯の奨励、―子どもに限らず、大人をも含む万人のための運動遊戯場の必要に迫られており、アメリカ体育協会(American Physical Education Association)やYMCA(Young Men's Christian Association)、YWCA(Young Women's Christian Association)などの全国的団体による支援が獲得され、その充実が図られていた[8]。

とりわけ、人口過密地区であったシカゴ市は一九〇〇年に運動競技場の建設費一〇、〇〇〇ドルを計上し、また、一九〇三年にはレクリエーション用の小さな公園の建設費五〇〇万ドルの公債発行を可決していた。そして、同市は一九一〇年までに六五カ所の運動遊戯場および海水浴場を経営し、なかでも同市南公園は、世界的にも優秀と見做されるほどであった[9]。

アメリカにおけるレクリエーションとしての運動遊戯は一九〇〇年代にはじまり、一九三〇年代初期における経済不況によって縮小をみることになるが、一九一〇年代のその発展期が可児徳の留学期間にあたる。即ち、可児徳がアメリカに降り立った一九一五（大正四）年にはアメリカの四三二の都市で、合計三、二九四カ所におよぶ運動遊戯場が維持され、ここには合計一、九二九人の番人の他、有給のレクリエーション指導者として男性二、八八三人および女性四、六二四人が従事していた。[10]

また、学校体育としてのレクリエーションは、都市レクリエーションと並行して発達し、従来の形式体操や器械体操および医学的観点からの医療体操に併せて、運動競技の教育的効果が認められ、他の如何なる国にもその比をみないほどの運動競技時代に至っていた。[11]

それは、当然、教育機関の充実があってのことであり、実際に一九〇〇年代より一九三〇年代にかけてアメリカの教育機関は著しい成長と変化を遂げている。その間、就学率は初等教育機関で一一%、中等教育機関で六六%の増加をみせ、一九二〇年代には空前の学校創設ラッシュを迎え、併せて道路整備や区画整理がおこなわれている。[12]また、大学入学率は七五%に伸び、更に短期大学の発展によって大学に進学できない人びとにも教育機会の門戸は開かれたものになっていた。[13]

そして、教育の内容面については、ジェームス（William James）、ホール（Stanley Hall）、エリオット（Charles Eliot）、ソーンダイク（Edward Thorndike）、キルパトリック（William Kilpatrick）、デューイ（John Dewey）の影響によって、児童の本性の理解ということが認められるようになり、「美術」「音楽」「手工」「家庭」「商業」「文学」「現代語（modern language）」といったあらたな「興味中心」教科（「interest subject）が注目されるようになっていた。[14]

このように躍動的なアメリカの成長期に直面することによって、可児徳が吸収したものは決して小さいものではなかっただろう。それは後述するように、留学後の可児徳の言説に明瞭である。かたや、それを吸収できる柔軟な素地はすでに留学前に培われていたともいえる。即ち欧化主義的な体育観をもち、その実践にあたっていた坪井玄道に教授を受ける段階から、可児徳はアメリカをはじめ西欧先進諸国の体育観の影響下にあったといえるのではないか。

留学の経験とは、可児徳以外の留学者にとっても、その後の教育観、いや、人生観を左右し得るほどの貴重な体験であったことだろう。可児徳が留学によって自らの体育思想をどのように、より強固なものにしていったかをみる前に、明治・大正期に、体育研究のために留学をした人物について紹介したい。

明治期の文部省派遣留学生は、六六一人[15]に達するが、その派遣制度の第一号留学生・高嶺秀夫（留学期間：一八七五年―一八七八年、留学先：アメリカ。以下、同様にカッコ内は留学期間と留学先）と伊沢修二（一八七五年―一八七八年、アメリカ）は、いずれも教育学専攻として留学した。だが、高嶺秀夫は帰国後に女子高等師範学校校長として同校に国語体操科を設置し女子体育に重きをおき[16]、伊沢修二は唱歌遊戯の導入に尽力したように、ふたりは学校体育の草創期に重要な役割を果たした。

また、文部省派遣留学生ではないが、明治期の体育教育に関わった人物として、成瀬仁蔵（一八九〇年―一八九四年、アメリカ）と川瀬元九郎（一八九三年―一八九九年、アメリカ）が挙げられる。このふたりは、ともにキリスト教の信徒であったが、成瀬仁蔵は留学によって女子教育の必要性および競技の教育的効果を確信し、川瀬元九郎は医学的観点から「スウェーデン体操」を学び、帰国後はその普及につとめた。[17]

更に、高嶺秀夫の推薦による文部省派遣留学生であった井口あくり（一八九九年―一九〇三年、アメリカ）は、教育学専攻としてアメリカに渡るが、実際は体育研究をおこない、帰朝後は「スウェーデン体操」の普及にあたっている。[18]

明治期における留学生は、「体育」や「音楽」について学ぶことを、敬遠したり、軽視したりしていたからか、明治全期を通じて「体育」を専攻する文部省派遣留学生は、坪井玄道（一九〇〇年―一九〇一年、イギリス、ドイツ、フランス、更に一九〇一年―一九〇二年、アメリカ）と永井道明（一九〇五年―一九〇九年、アメリカ、スウェーデン、イギリス）の二名のみである。坪井玄道は、前述の通り、「普通体操」および「遊戯」の普及につとめ、永井道明は、「スウェーデン体操」を中心とした学校体育の確立に尽力した。[19]

また、大正期における文部省派遣留学生は、一、三五〇人を数えるが、そのうち体育専攻は、『日本帝国文部省年報』による研究学科の別が一九一八（大正七）年度までの記載であることから、一九一二（大正元）年度から一九一八（大正七）年度までの留学生総数二八二名のうち、七名の確認にとどまる。しかも、その七名のうち、明らかになっている人物は、二階堂トクヨ（一九一二年―一九一五年、イギリス）、可児徳、大谷武一（一九一七年―一九二〇年、アメリカ、イギリス、フランス、スウェーデン、ドイツ）、岡部平太（一九一八年―不明、アメリカ）、三橋義雄（一九二二年―一九二四年、欧米諸国）の五名である。[20]

また、永井道明の推薦を受けて西欧諸国に渡った三浦ヒロ（一九二三年―一九二六年、イギリス、スウェーデン、デンマーク、フィンランド）は、一九一八（大正七）年以降の体育専攻留学生になる。

ここで可児徳ともっとも近い留学経験をもちながら、その言説が大きく相違するものとして、大谷武一の存在がある。
大谷武一は可児徳に遅れること、わずか二年、可児徳と同じくアメリカのシカゴ大学でスタッグから薫陶を受けている。だが、大谷武一は、アメリカ滞在後、西欧をまわり帰朝しているため、アメリカばかりでなく、イギリス、フランス、スウェーデン、ドイツの体育状況も視野に入れることになる。それゆえ、大谷武一の留学体験談[21]は各国視察先の知見の羅列的な記述となり、強調点がやや不明瞭なものになっている。

また、可児徳と大谷武一は、ともにアメリカの学校体育や社会体育の盛んなこと、とりわけ女子の体格が立派で姿勢が良いことに注目するが、その解釈は相違する。

可児徳はアメリカにおいて「体育」が盛んな理由を、一般国民に「休養」の概念がともなうからであると指摘する。[22]そして、女子の活発な態度については、①女子の中等、高等教育機関の充実とその進学率の高さ、②女子の服装が活動的であること、③法規上の保護、④男性が女性を尊重する関係性から女性自身を自覚的にさせる、といった理由にもとづくものであるという。[23]

かたや、大谷武一はアメリカの体育状況を、「彼等は體育に熱心だといふより寧ろ運動に盲目的《クレージー》であるといつた方があたつてゐるかも知れぬ」[24]といい、アメリカにおける体育の活況を、どちらかといえば運動に対する嗜好性によるものであると見做している。だが、指導的立場にあるものは、「大衆」とは異なり、国家的見地から国防上、職業上の能率を上げるという明確な教育方針に自覚的であると指摘する。[25]そして、女子体育が活発な理由については、「人格の完成」および「健康な第二の國民の母となる義務」ゆえであるとする。[26]

可児徳が男女の関係性から、男女分化が生じ、それぞれの身体性が形成されていくという見方であることに対し、大谷武一は男女の関係性には触れることなく、母体としての女性という身体性に的を絞っていることは、大きな違いであろう。また、別の視点では、可児徳の体育観は、「体育」を「個人の生活」にもとづくものとしたことに対して、大谷武一の体育観は、「体育」を「国力の源」としてとらえたものであったともいえる。

同じ時代、同じ土地に、同じほどの期間を滞在しても、その受け取り手の年齢やバックグラウンドによって、何を如何に受容するかは当然異なるものだが、このように、可児徳と大谷武一の相違にもあらわれているように、可児徳がアメリカから吸収した体育観は、まさしく可児徳独自の体育観であったといえる。

可児徳は、一九一五（大正四）年一一月より一九一六（大正五）年六月まではマサチューセッツ州のYMCAカレッジで体育一般の研究に従事し、一九一六（大正五）年七月より同年九月まではアメリカ各地の体育状況を視察した。その後、同年一〇月より一九一七（大正六）年六月までは、再びYMCAカレッジで体育一般の研究、[27]――「コロンビア大学のウッドなどを中心にして起った自然化された民主的体育の運動に接し、伝統的な体操指導からゲーム中心[28]」の体育の研究をおこなっている。

この間に、可児徳は、学校体育ばかりでなく社会体育の状況、体育教員の処遇、アメリカの人びとの人柄や日常生活における運動との接し方、男女の関係、女性の地位についてなど、多岐に亘り見聞を深めている。

そのようななかでも可児徳が日本との相違に驚きをもってみつめたものは、社会体育のあり方[29]と女性の進学状況およびその身体のあり方[30]についてであるが、その前に、可児徳によるアメリカと日本の比較をみると、表11のようになる。

表11から知ることは、万事《ばんじ》において可児徳は、アメリカと日本が「正反対」にあることを述べ、手放しでアメリカを称え、日本を卑下するような見方が強かったということである。

たとえば、ここで可児徳は、アメリカを「極端な自由平等國[31]」「随分酒を飲んで下だらぬ事を言って居ても、喧嘩と云ふものはやらない[32]」「平和の國」とみる。それは、次のように伝えている。

> 小學校に行つて、遊戯に擬戰なぞはやらないかと訊いて見るとそれはないと云ふ、戰争ごつこと云ふものはない。英領加奈陀に行くと、大分戰争の名を付けた遊戯がありましたが、米國には戰争ごつこと云ふものは殆どなかつた。それから妙な事には、子供が喧嘩をしないばかりでなく、犬でさへ喧嘩をしませぬ[33]。

反対に、日本では、大人、子ども、犬、すべてにおいて喧嘩が絶えないという。

実際、日本において戦争が子どもたちに与えた影響、―戦争と擬戦（戦争ゴッコ）の関連については、吉川（二〇〇八[34]）によって指摘されている。

表11　可児徳によるアメリカと日本の比較

	アメリカ	日本
国柄	自由。 平等。	
国民気質	国土が広いために気が大きい。 喧嘩をしない。 自主性を重視。 楽観的。 活気に満ちる。	人口過密のために気が小さく神経質。 貧乏で物資不足のために喧嘩好き。 他律的。 悲観的。 活気に乏しい。
町並み	衛生的。 人道は舗装されている。 整然。 規則的。	濁った空気。 人道は舗装されず砂埃。 雑然。 不規則的。
社会生活	労働と遊びの区別が明瞭。	労働と遊びの境界は曖昧。
学生気質	型に嵌っていない。	四角四面で型に嵌りすぎ。
学生の労働	一般的。人に対して隠さない。	隠して人に言わない。
体格	女性の姿勢が良く、立派。	女性の姿勢が悪く、劣る。
教員	小学校は大半が女性。 女性校長もいる。 中等、高等教育機関でも女性教員がいる。	大半が男性。 高等の女子教育機関が少なすぎる。
学校体育	重要な科目。 大学がもっとも盛ん。	軽視。 小学校が盛ん。
小学校の体育	自発的な運動を主とする競技や遊戯。	形式的なスウェーデン体操。
体育教員	資格や人格的にも立派で、待遇がよい。	資格や人格的に劣り、待遇よくない。
社会体育	活発。立派な公共施設が整っている。	整っていない。
服装	男女とも便利で活動的なもの。	女性は改良されず、不便。活動的でない。
男性のあり方	ジェントルマンであり、女性を尊重。	威張って女性を軽視。
女性のあり方	法規上、権利がある。 よく学び高学歴。 自らの地位に自覚的。 尊敬を受け、堂々としている。 家事負担が少ない。 全身に気を配る。	法規上、いくつかの権利を認められていない。 大学進学は稀。 自らの地位に無自覚的。 いじけて卑屈。 家事負担が多い。 顔面の手入ればかり。
夫婦のあり方	婦唱夫随。 乳母車をひくのは男性。 夫婦同伴が一般的。	夫唱婦随。 赤ん坊を背負い荷物を抱えるのは女性。 妻は家庭に入ると交際範囲は狭まる。

注）表中は新仮名づかいに改めるが、各項目の表現は、なるべく原文にもとづく。

出典）可児(1918「最近の米国の体育状況」, 15－26頁)、可児(1918「米国帰朝談」, 59－69頁)、可児(1918「夏は青春の季節」, 50－55頁)、可児(1918「最近に於ける米国の体育」, 62－65頁)、可児(1919「渡米所感(上)」, 4－10頁)、可児(1919「渡米所感(下)」, 2－6頁)より作成。

表12　可児徳のみたアメリカの学校体育について

	男女共通	男子	女子	設備、その他
小学校	徒手体操、スウェーデン体操が基礎だが競技や遊戯が活発。正課授業で水泳も有。	ランニング、ジャンピングなどの競技が課される。	競技の他にフォークダンスが盛ん。	水泳場がある。春秋に市内小学校全体での大運動会を実施。
中学校	徒手体操、スウェーデン体操が基礎だがボール使用の遊戯や競技盛ん。	ベースボール、アスレチックおよびフットボールが盛ん。	フィールドハッキー、バスケットボールが一般的。	
高校、大学	冬期は体育場内で運動、春より秋は戸外運動が主。冬期の運動には、器械体操（ドイツ流）水泳、室内アスレチック、レスリング・フェレシング・バスケットボール等で氷上の遊戯も盛ん。春から秋の戸外運動は、ベースボール・アスレチック・フットボール等。秋のフットボール試合は盛大。			施設設備面、科目としての地位、学生参与のあり方など充実し、重要視され、盛ん。

注）　表中は新仮名づかいに改めているが、競技の名称や体育の状況を伝える表現などについては、なるべく原文にもとづく。
出典）可児(1918「最近に於ける米国の体育」, 62－63頁)より作成。

可児徳のみたアメリカにおける学校体育の状況は、表12の通りである。

これによれば、アメリカの初等・中等教育における「体育」の基礎は、「徒手体操」と「スウェーデン体操」であるが、併せて「遊戯」や「競技」が盛んにおこなわれている。そして、その「遊戯」および「競技」の内容は、男女によって異なるものを課している。また、施設や設備の充実度、科目の位置づけ、児童や生徒、学生の体育との関わり方など、いずれの面においても高等教育機関の方が充実し活発におこなわれていることを伝えている。

そして、社会体育については、表13のように伝えている。アメリカで可児徳が着目したことは、屋外、室内の運動場施設および設備の充実もさることながら、そこで運動をおこなう人びと、―子ども、男性、女性、大人、老人、さまざまな階級に属す人びとの参加についてである。そして、冬期における室内運動場では運動ばかりでなく活動写真の上映会、講演会、お伽噺の会などと、「樂しく愉快に

表13　可児徳によるアメリカの社会体育について

戸外運動場	室内運動場	効果
「鞦韆、辷り臺、鐵枠、梯子、鐵棒、吊鐶等」あらゆる運動装置が設置されている。戸外水泳場を特設するところも多い。幼児のための砂場、水遊び場も設けられている。	体操器具・器械、水泳、球戯などの設備と、その指導者がいる。冬期は運動ばかりでなく、活動写真、講演会なども開催。子どもばかりでなく、大人も参与するよう弓技会の催し、老人用の球戯設備を設置するところもある。	子どもの健康状態が良くなった。その他、電車や自動車等による障害事故の減少。また社会風教上の好影響。子ども、男性、女性、大人、老人、さまざまな階級に属す人びとが「嬉々」としていること。

注）表中は新仮名づかいに改めたが、戸外運動の一部は、原文のまま。
出典）可児（1918「最近に於ける米国の体育」, 63－65頁）より作成。

遊ばせつ、教育するようになつて居る」[35]仕組みを伝え、それゆえに「多くの群集が嬉々として様々な遊戯」[36]をしているという。

アメリカ人女性のありようについては、日常の男女関係のあり方によるものが大きいととらえ、以下のように伝えている。

　米國婦人と談して居て驚くことは、何んな話でも即座に解決し得る頭を彼等が有つて居ることである、割合に學問があつて、何を尋ねても知つて居るのは感心である。主人よりも細君の方が物識りである、といふのは、婦《ママ》は家に居つても殆んど仕事が無いから、新聞雑誌を讀んだり、圖書館へ行つたりする餘裕があるからである。（略）男子は大學迄行くものは比較的稀である、多くは中學校を卒業すると直ぐビジネスマンとなつて金を儲けなければならぬ、然るに婦人にはビジネスマンになる必要がないから、割合に高い學問をして種々の事を知つて居る、此婦人に學問があるといふことが、女子が男子に尊敬される一つの有力なる原因となつて居る。[37]

このように、可児徳はアメリカ人女性の高学歴化について、その多くは社会的職業を得るための学問ではなく、教養主義的なものととらえている。また、そのことがアメリカにおいて、男性が女性を尊敬する理由のひとつにもなっているという。結論的にいうと、可児徳は、アメリカ人女性がアメリカ人男性から敬意を払われている理由には、①中等・高等教育機関においてリベラルアーツ教育を受けていること、②体格とその立ち振る舞い、③法制上のこと、④アメリカ人女性が自らの地位に自覚的であること、この四点であるという。

だが、こうした解釈の根底には、女性が本来的に「弱きもの」であるというとらえ方があったこともみえ隠れする。たとえば、アメリカにおいては、「元々婦人を尊敬すると共に弱い者を助けるといふ精神が基礎となつて居る」[38]「女子は弱いものであるから特に保護されてあるのかといふと必ずしも然らずである」[39]などという。なお、可児徳のみた「弱きもの」の順は、「第一子供、第二が細君、第三が主人」[40]である。ただし、可児徳がアメリカ人女性をどのような観点で「弱きもの」ととらえたかについて、明確な言説は確認できていない。

アメリカ人女性が敬意を払われていた理由の四点、──①が「弱きもの」と関連するか否《いな》かはさておいて、②から④を可児徳の言説に添って順にみていくと、次の通りである。

②は、その身体性から、「五尺二寸や三寸は婦人に普通であつて、五尺四寸に近い此私が仰いで見なければならぬ様な大女」[41]が多く、平均体重は「約十五貫匁であつて我邦壯年の男子の重量に匹敵して居る。身長と體重とが優れて居るのみでなく、姿勢が亦大變立派で、胸の中へ何か入れて居るのではないかと思はれる位であるが、實は何も入れて居らぬ、腰を細くする爲にコルセツトを當てゝ居るだけである。尤近

頃はコルセットを細く締めることは流行らない。要するに米國婦人の體格は立派であり偉大である」[42]ために敬意を払われている。③は、アメリカでは、「女子の権利が法律の上でゝも」[43]保護されている。④は、女性も「社會の公益事業に活動して多大の貢献をして居る」[44]ことが彼女たちをより活発に、より自覚的にし、堂々たる振る舞いをさせることになっている、とのことである。

そのような女性のあり方を、可児徳は、「彼地の婦人が女王様の様に威張るのも無理はない」[45]と評価し、「婦人が尊敬され自覺して居ることが、米國の社會狀態に良き影響を與へて居る」[46]と、好意的な受け止め方をしている。

可児徳の理想とする社会、あるいは理想の男女の関係とは、男女の平等な権利が社会的に保障されたうえで身体的にも学問的にも高みを目指し、その実現を獲得するというものである。だが、それに反して、日本は、「男が女を輕視して居る、此弊風を打破するのでなければ女子の向上發展を望むことが出來ない。日本婦人は何時迄經つても思想の自由を有つことの出來ない憐れむべき境遇に居なければならぬのである」[47]という。

更に、啓蒙的に、「我社會、國家は男子のみで保たれて行くのではない、女子も亦其の半分を擔任すべき權利もあり義務もある、男女共同じ處迄行かなければならぬのである。頭から女子を壓迫して頭を上げさせぬ様にして居つてはならぬ、女子自身も亦決して自ら侮つてはならぬ、其貴むべき自覺の上に、男子同様の發展を遂げなければならぬのである」[48]と述べ、それは、男性ばかりでなく、女性たちの無自覚にも責任があることを指摘したうえで、「婦人の尊敬され保護されない國は、社會が殺風景になる」[49]とした。

欧州の戦況はますます熾烈を極め、大西洋横断は危険とされていたが、可児徳は一九一七（大正六）年一〇月三〇日までの留学期間延期の願いを日本政府に提出した。しかし、一旦は留学期間の延期、更にスウェーデンへの視察を認められたものの、日本政府は改めて戦局から危険と判断し、不許可をあらわした。よって、可児徳は渡欧を断念し、それでも当初の予定より約一カ月後になる一九一七（大正六）年一一月二六日に帰朝した。

（参考文献）［1］今村嘉雄、一九五〇「学校体育に寄与した人々（六）―可児徳―」『学校体育』第3巻1号。［2］は［1］と同じ、一三頁。［3］可児徳、一九一五「米国学生及び一般社会の体育状況―班対校運動プログラムの一例」『中等教育』第26号、中等教育研究会、八三―八四頁。［4］は［3］と同じ、八五頁。［5］は［3］と同じ、八五頁。［6］は［3］と同じ、八五頁。［7］は［3］と同じ、八五頁。［8］エミオット・A・ライス、今村嘉雄・石井トミ訳、一九七八『世界体育史』不昧堂出版。［9］は［8］と同じ。［10］は［8］と同じ。［11］は［8］と同じ。［12］D・B・ヴァン・ダーレン、B・L・ベネット、加藤橘夫訳、一九七六『新版 体育の世界史』ベースボールマガジン社。［13］は［12］と同じ。［14］は［12］と同じ。［15］文部省、一九七二『学制百年史』記述編 資料編共、帝国地方行政学会、六四〇頁。［16］高嶺秀夫先生記念事業会編、一九二一『高嶺秀夫先生伝』培風館。［17］大家千枝子、一九九五「明治期における高等女学校の体育の実際に関する史的考察―近代日本の女子体育史研究の一環として―」『日本体育大学紀要』第25巻第1号、日本体育大学。［18］西村絢子、一九七九「わが国における近代女子体育の受容と変容―明治・大正期における女子体育留学生（井口あくり・二階堂トクヨ・三浦ヒロ）の業績をめぐって―」『日本女子体育短期大学 日本女子体育大学紀要』第9巻、日本女子体育大学。［19］秋葉尋子、一九八一「唱歌遊戯の導入②伊沢修二」女子体育史研究会編『近代日本女性体育史—女性体育のパイオニアたち—』日本体育社。［20］は［15］と同じ。［21］大谷武一、一九二二「欧米体育界の現状と其の趨勢」『体育と競技』第1巻第1号、体育学会。［22］可児徳、一九一八「夏は青春の季節」『中学世界』第21巻9号、東京博文館。［23］可児徳、一九一九「渡米所感（下）」『岐阜県教育』第295号、岐阜県教育会。［24］大谷武一、一九二二「欧米婦人と体育」『体育と競技』第一巻第2号、体育学会、五六頁。［25］は［24］と同じ。［26］は［24］と同じ。［27］は［1］と同じ。［28］竹之下休蔵・岸野雄三、一九五九『近代日本 学校体育史』東洋館出版社。［29］可児徳、一九一八「最近に於ける米国の体育」『帝国教育』第432号、帝国教育会。［30］可児徳、一九一九「渡米所感（上）」『岐阜県教育』第294号、岐阜県教育会。［31］は［30］と同じ、一八頁。［32］は［30］と同じ、一八頁。［33］は［30］と同じ、一八頁。［34］吉川卓治、二〇〇八「資本主義と子どもの生活・文化」江藤恭二編『新版 子どもの教育の歴史』名古屋大学出版会。［35］は［29］と同じ、六四頁。［36］は［35］と同じ、六五頁。［37］は［23］と同じ、二—三頁。［38］は［30］と同じ、八頁。［39］は［23］と同じ、四頁。［40］は［23］と同じ、四頁。［41］は［23］と同じ、三頁。［42］は［23］と同じ、三頁。［43］は［23］と同じ、四頁。［44］は［23］と同じ、四頁。［45］は［23］と同じ、四頁。［46］は［23］と同じ、五頁。［47］は［23］と同じ、三頁。［48］は［23］と同じ、六頁。［49］は［23］と同じ、四頁。

遊戯論　児童を児童として教育せよ

一九一七（大正六）年一一月、二年九カ月あまりのアメリカ留学から帰朝した可児徳は、翌年四月に東京高等師範学校の教授に就いている。[1] 可児徳、四三歳のことであった。

図３　活動の方面による遊戯の類別（『理論実際 競技と遊戯』1921年より）

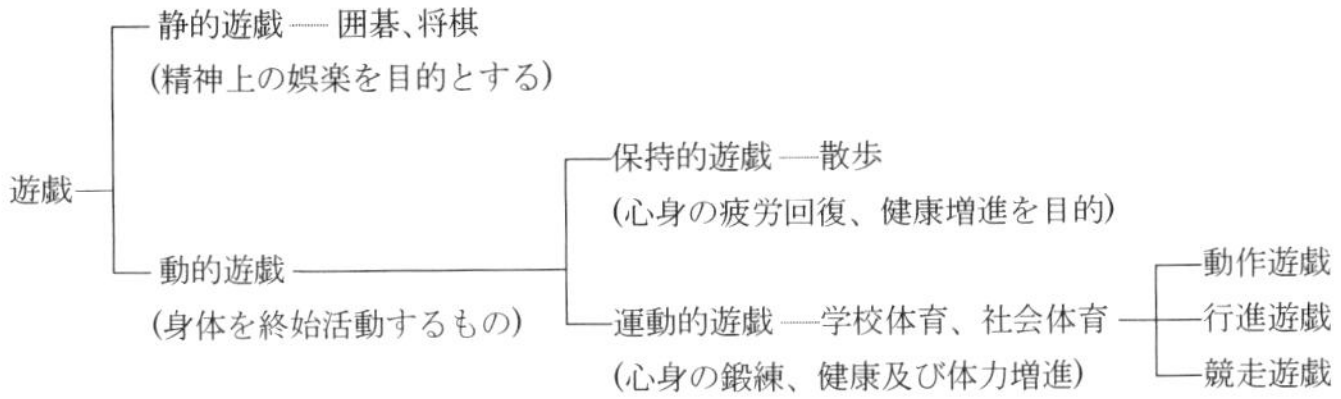

出典）可児・石橋・寺岡(1921, 118－119頁)より作成。

早速、東京女子高等師範学校でアメリカの体育状況を伝える講演や、教育雑誌や体育雑誌への寄稿をおこなっている。[2][3]

これらは、「体育」という概念を広範にとらえ、衣食住をはじめとする人間生活の営みのすべてを包むものであり、―アメリカで見聞したすべてを「体育」に関する新情報であるかのようにあつかうものであった。

更に、可児徳はアメリカでの留学経験によって、「遊戯」の価値をより一層強調することになる。ここでいう「遊戯」とは、すべての「遊び」を範囲とするものである。[4] 即ち、「普通体操」や「スウェーデン体操」や「兵式体操」といった体操以外のすべての身体活動は「遊戯」および「競技」の範囲内にあるとされる。

『理論実際 競技と遊戯』（一九二一年）では、以下のように「遊戯」の範囲を説き、その類別を図３のようにおこなっている。

遊戯の性質及び其の種類は實に廣大無邊にして、其の性質上より見るも或は衝動的なるあり、或は模擬的なるあり、或は知力的なるあり、或は審美的なるあり、或は筋肉的なるあり、或は技術的等殆んど人的活動の全部を網羅して餘す所なきが如し。隨つて之が種類に至りては

図4　一般遊戯と学校遊戯の類別（『理論実際 競技と遊戯』1921年より）

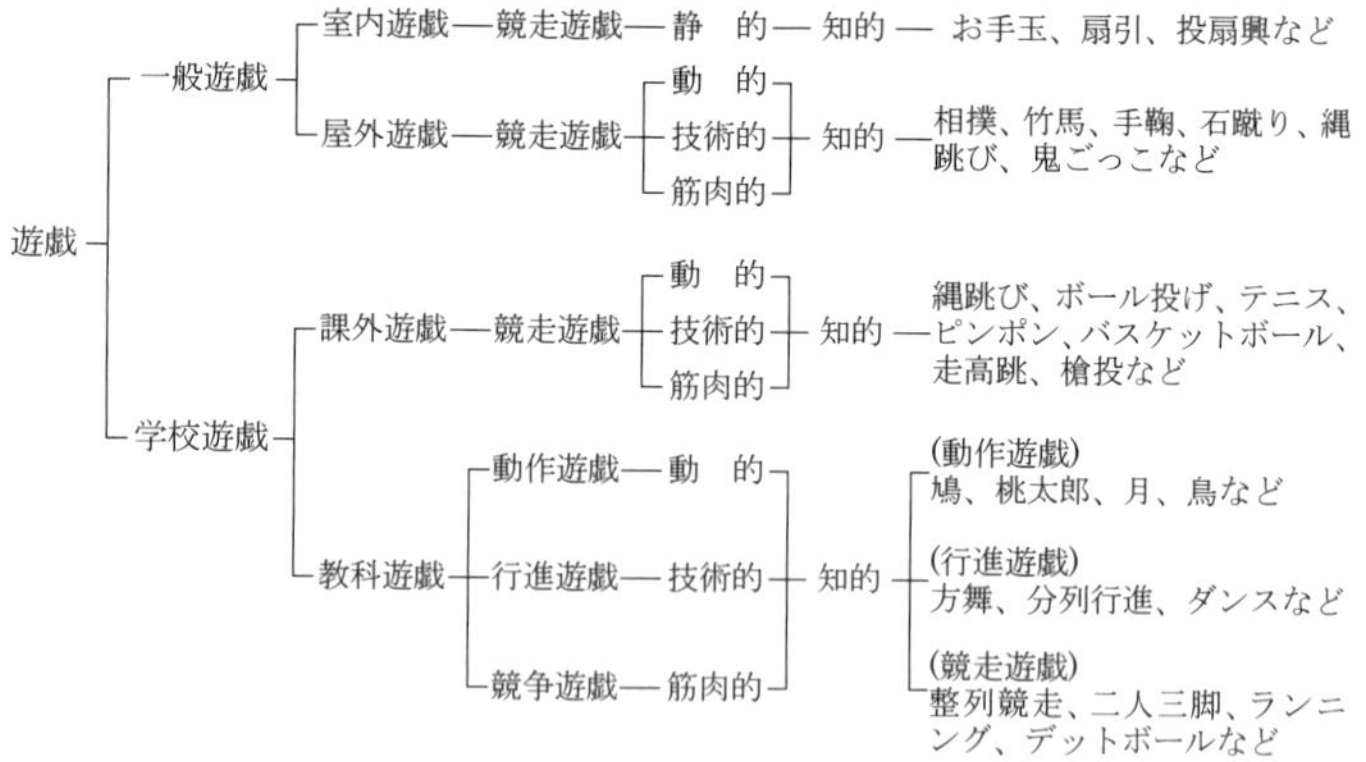

出典）可児・石橋・寺岡（1921, 120頁）の図に添って、遊戯の内容は（254－537頁）を参照し作成。

其の數夥多にして實に枚擧に遑あらざるなり。[5]

ここでは、「遊戯」を、更に図4のように、「一般遊戯」と「学校遊戯」に分類することによって、広範に亘る「遊戯」の整理をおこなっている。

『理論実際 競技と遊戯』（一九二一年）は、書名に「学校」あるいは、「体育」という用語を用いていないように、学校体育という範囲にこだわらず、また、「競技」を先に、「遊戯」が後になっていることから、「遊戯」のなかでも競技性の強い「競走遊戯」をより多く取り上げる構成になっている。

しかし、この時期、可児徳による掲載記事をみると、「競技の価値」という表現ではなく、「遊戯の価値」と記すものばかりである。それは、「競技」という用語に比して「遊戯」の方が広範囲の身体活動をあつかうがために、多様な教育的効果を見出しやすく、社会的な容認を獲得し易かったことにも起因するのであろう。

可児徳は、「遊戯の価値」を、「体操」に比して、興味を躍起することによって、児童・生徒による自発性や自主性を促し、それらを育成できる可能性があると、以下のように述べている。

今の學校體操は例の瑞典式に獨逸の律動式を折衷したものだが、瑞典式體操の創治者リングと云ふ人は自分の痺麻質此を撃劍で治した上、醫學を勉強してあの體操を案出した、從つて瑞典式の長所は生理的□《不明》剖的に出來てゐて身體の矯正に適した點にあるが體育の本旨たる清神訓練及び運動技能促進には缺けた所が多い、且つ教師の號令に從つて一齊にやるのであるから、自發的の所がなく又一人々々異つた體格に應じ個性を發揮する術がない兵式體操の如きも體の揃つた壯丁にはよいが、不揃な兒童生徒に一分間百十四歩も極めて不自然である。規律訓練と云ふが學校で揃つて歩くのが規律でもあるまい、兒童生徒が各自守る可き所を何處、も守るのが眞の規律である。今後の學校體育にはもつと遊戲及競技を採用する必要がある。遊戲競技は團體的目的を有するチームゲームで各メムバアは夫々自分の立場に全力を盡し、或は速く動き或は速かに考へ、而も皆自動的である、遊戲は不規律に流れるとの批難もあるが、夫れ自身に一定の目的のある限り規律はある。教師が自分の意の如く揃つて動かぬのが不規律と考へるのは誤つてゐる。兒童生徒の體育が根本目的である。自分は遊戲競技を以て最も神經及筋肉訓練に適する者として是非推奬したい[6]（傍点などは原文のまま）。

ここで可児徳がいう、「教師のための体育」ではなく、「児童・生徒のための体育」であるとの言説は、まさしく大正自由教育のキーワードとするところである。ただ、「国家のための体育」についての言及、—反抗はみられないものであった。

戦前期の日本の体育史を俯瞰すると、この時代は、スポーツ全盛期の前夜ともいえる時期にあたることもあり、可児徳の主張もまた、時流に乗り、伸びやかに響く。けれども、学校体育において「体操」の地位は容易くゆらぐものでもなかったためか、「遊戯」が「体操」に替わって主たる内容になることはなく、可児徳はその理由を次のように述べている。

遊戯には色々の教育上の價値が有りますが、是迄は學校では餘に重要視されて居ませんでした。これには種々の原因がありまして、遊戯をやつてゐると全く戯れ遊んでゐるやうに見えることも其の一つでありませう。體操科教授要目を見ても遊戯に就ては詳しく書いてないといふことも一原因でありませうが、兎に角割合に遊戯の價値を認めた人が少く一般に重きを置かないのであります。[7]

また、「遊戯」とは、「教育上の理想と相反するものかの様に考へられ、教育を破壊するものと思つてゐる人」[8]もいるという。

それは、「日本の学校体育は、その成立の当初から、自由と結びつけて考えられたことはなかった」[9]という主たる経緯が背景にあったからである。つまり、国家は資本主義化されるほど、「モノとしての国民の身体をどう利用するか、そのためにどう都合よく権力をもって形成するか」[10]ということばかりを重視した。そのため、「天皇制国家」という概念は、国家の形成者にとっては優れて利便性の高いものであった。いわば、「国民の身体を天皇のモノとみなすことは、国民の身体の私的利用を合理化することへの窮極の仕上げであった」[11]からである。

可児徳は、国家というものに対する言論を展開しないままに、日本における遊戯の地位向上を希求し、ヴェルゲリオ（Petro Paolo Vergerio）、ラブライ（Francois Rabelais）、ヴィヴエス（Jean Luis Vives）、コメニユウス（Johann Amos Comenius）、ロック（John Locke）、ルソー（Jean Jacques Rousseau）、ザルツマン（Christian Gotthilf Salzmann）、グーツムーツ（Johann Cristoph Friedrich Gutsmuths）、ペスタロッチ（Heinrich Pestalozzi）、カント（Immanuel Kant）、ヤーン（Friedrich Ludwig Jann）、シュライエルマツヘル（Friedrich Daniel Ernst.Sehleier macher）、スピース（Adolf Spiess）、スペンサー（Herbert Spencer）といった著名な先学者らによる遊戯観の紹介[12]につとめた。

そして、先学者の論から、「遊戯」の教育的効果には、身体におよぼす好影響ばかりでなく、精神的側面においては、「注意力」「判断力」「想像力」「意力」「心的習慣」の獲得、そして、道徳的側面においては、「正義心」「公共心」「名誉心」「競走心」「快活心」「友情」「公徳心」「忍耐心」「責任観念」「機敏および沈着心」が得られると説いた[13]。

更に可児徳は、「遊戯」とは、「子供の本能」にもとづくものであるという。だが、それは決して子どもだけの専売特許ではなく、いかなる年齢の人びとにも身近にあるものという。そうしたうえで、アメリカの現状を引き合いに出して、次のように伝えている。

我國では遊戯の場所や設備がないか□《不明》縦令遊戯を好んでも之を行ふ場所がないから、大人には當定遊戯をすることは出來ません。それで遊戯は子供のものと思はれてゐます。我國では戯ぶことは子供の専有と考へられてゐますが、歐米ではそうでなく戯ぶものの範囲が廣く老人も大人も活動的の遊戯をやつてゐます。我國では遊戯の代りに酒や其他の悪い方面の遊戯が大分盛なやうでありま す。[14]

可児徳は、一時、煙草を呑むことがあったらしいが、いつしかやめ、かねがね健康に留意し節制を心がけた生活を送っていたとのことである。[15] 酒を嗜《たしな》む人であったかはわからない。ただ、一九二〇（大正九）年の講演において、「茶やコーヒー、殊にアルコール類や煙草の身體上及神系々統に及ぼす害は今此こで詳しく申しませんが否定す可らざる事實[16]」であると述べている。

可児徳は、「遊戯」について、つづけてこう語る。

こと学校体育では、「困難なる規則の教育が無理である子供には遊戯は最良の教育法である[17]」が、「遊戯」をおこなう場合、それは当然、本能の赴くままに任せればいいわけではなく、学校教育の根本的な目的に照らし合わせて「遊戯」の教育法およびその内容を選択していく必要がある。

可児徳による、学校教育の目的は、次の通りである。

「學校教育の目的は何れにあるかと申せば夫れは唯高尚な種々の學問を百科全書的に授けるのではなく、

實生活に當つて能率を進むることである[18]」。即ち「單に語學や數學や地理のみならず、も少し重要な何等かの物を教へなければ[19]」ならないとする。その「何等かの物」とは、「雜駁な智識よりも寧ろ眞面目な自覺した勢力を與へることで、換言すれば一の人格を作る事にある[20]」。だが、「現今の教育では學科目は過たで兒童は負擔に堪へないのみならず、百科全書的に授けられた智識は消化されずして、ぼんやり意識外にさまようて居るに止まり、（中略）可なり因襲に囚はれた無駄骨折りが、多くて子供の活動の機會を減らすから子供の活動力を減退させることが多い[21]」。「子供は人生中最も生氣潑溂たるもの」であるが、それを阻止するかのように、じっと正座をさせるばかりであるような教育は「有害である[22]」。「然るに現今の學校の重なる仕事は、智識の修得に止まつてゐる。（中略）之を活用し利用することが少ない[23]」という。

可児徳はカーチス（Henry S.Curtis）の教育論に大いに同感するとしたうえで、「兒童を兒童として教育せよ[24]」と強調する。

學校教育では、子供の時代を無視する傾向があつて、子供の時代に何等必要はないが、大人になつてから必要であるからとの理由で、子供に眞に理解の出來ぬことすら無理に授ける傾向がある。子供の爲に解決する仕事では無く、大人になつて解決すべき事を子供に授けるのである。此點から考へて見れば、學校教育は子供を無視してゐるといふてよい。□《不明》々と進む文化生活に於て今後五年十年間には社會はどんなに變化するかと言ふことは誰にも分るものでない。それだのに十年二十年の先を豫想し、此子供が二十歳になり卅歳になつた時役に立つべき事を豫期して教育して居る[25]。

更に、以下のようにも述べている。

女學校などでも良妻賢母主義で十四や十五歳の小女に妻の務め女の保育法等を教へて居ますが、肝心の生徒は、まだほんの小供でありまして、妻や母になつた事のないもの許りですから、一向氣乗りがしないので、ほんの形式的に暗記をして置くといふに止まることが多い。それも米國等である様に實際の赤坊でもを取扱ふといふ様な事になれば幾分よいでありませう。[26]

可児徳は、このような当時の学校教育の弊害を克服するには、治癒的に、あるいは反動的に活用する「遊戯競技が最もよい[27]」という。

「遊戯は色々の方面から、子供を練り上げ子供を作ります、（中略）新しい經驗が新しい思想を生んで、それから豁然と悟つて一段の進歩をすることはあります[28]」と、可児徳は「遊戯」の教育的効果を、前述した通り、いたって広範におよぶものであると説く。ここでは、そのような教育効果があることを前提としたうえで、「遊戯」のもつ偶然性に着目する。偶然性は、しばしば閉塞感をともない、形式的なものに陥りやすい教育を救済する役にあるという。つまり、偶然性から創造されること、また、偶然性による可能性、――「遊戯」によって児童・生徒が「他児童と接觸して、新しき生きた經驗を得て一段の進歩をする[29]」ことが重要であるという。

また、実際に経験させることとならんで可児徳が強調するのは、「興味」であり、「面白さ」についてである[30]。興味があればこそ、時間の経過を忘れて、物事に集中し、熱中できること、面白さがあればこそ、疲労を忘れて、物事に取り組むことができるという教育上の効果を述べている。そして、興味や面白さの重要性は、何も学校体育に限定されるものではなく、可児徳は、「遊戯場は殆んど社會の縮図[31]」であるととらえ、人生生活そのものに飛躍させ、「遊戯」から得ることができる「喜悦と愉快[32]」を尊び、「短い一生を愉快に暮らしたい[33]」と、自らの人生観を吐露している。

そして、可児徳がくりかえし教育上、その必要性を強調するのは、「自治性」「自主性」「個性」である。一見、不規律であるようなアメリカの子どもたちに対し、アメリカの教員はそんなに喧《やかま》しくない、なぜなら、アメリカの子どもたちは、すでに社会的に「獨立して自治的[34]」に行動することが内面化されているからであり、学校外に一歩出ると、「規律整然たるもの[35]」であるという。かたや、「日本では先生が中々やかましく、申されますから兒童は仲々緊張した態度[36]」であるという。更に、日本は、社会的成熟さがみられない、――「汽車の中でも随分不作法な事をし、寝臺車の中で晩くまで洒《ママ》を飲んで居たり、灰吹きがあるのに煙草の吸ひがらを、どんどん床の上にすてたり、大勢の前で尻まくりをしたり、啖唾を吐いたり、人の迷惑を何とも思はず、自分勝手な事を公衆の前に於てする[37]」といった大人たちのマナーの劣悪さから、児童・生徒が「不規律喧噪に流れるのも、無理がありません[38]」という。つまり、日本においては、社会の稚拙さに加え、「學校で余り世話をやき過ぎ一擧一動命令に由りて行動して自分自分を處置して行く躾けが足らぬからではなからふか[39]」と問題提議する。

あくまでも、可児徳の描く規律ある行動とは、児童・生徒が自律的に動いてこそであり、教員が号令や命令によって児童・生徒を他律的に動かすことは、その本来備えもつ「本能的」ともいえる自律性を殺してしまうものであるという。

「命令號令を以て一斎に運動をする體操が規律心及共同心を養成するかの様に思ふ人も随分ありませふが、眞の自覺したる規律共同の精神は自由行動ではあるが、一の組織的有機的團隊競技に由りて、最も有効に養はれると思ひます[40]」と、「ベースボール等」が「組織的有機的團隊競技」に適するとし、しばしば生徒・児童はそれらの「遊戯」に熱中するあまり「騒いでワーワー」いうが、それは決して不規律だからではなく、「全く其れが眞劔」であり、「眞面目」だからこそ騒ぐこともあり得るという[41]。

「大人は自分の子供の時代の事を忘れて仕舞ひ」がちであるが、「子供は全く邪氣なく野心もなく、本當のエンゼルになつて遊戯をします。遊戯に由りて何物を得やうといふ考はありません。遊戯其の物が遊戯の報酬で[42]」あると、子どもが穢《けが》れなき無邪気な存在であるという童心説を、更につづけて展開する。

子供は大人の考える程不眞面目ではありません。（中略）學校教育に於ても子供は子供らしく考へてやり同情を以てやりたいものであり能く訓練といふと子供に六ヶ敷い事を強い嚴しい命令でまるで罪人扱ひをすることであるかのやうに考へらる、向きもありますが、飛んでもない事と思ふのであります。[43]

そして、可児徳は、「今日の教育思潮は自動主義でありますのに唯體育の方面ばかりが、之と相反するやうな方法を多く取つて居てはなりません」[44]と、時勢を味方につけるかのように、遊戯の価値を自動主義的な教育観からしめくくっている。

（参考文献）［1］東京文理科大学、一九三〇『東京高等師範学校一覧』（自昭和四年四月 至昭和五年三月）東京文理科大学。［2］可児徳、一九一八「夏は青春の季節」『中学世界』第21巻9号、東京博文館。［3］可児徳、一九一八「最近に於ける米国の体育」『帝国教育』第432号、帝国教育会。［4］可児徳、一九二〇「女子体育と遊戯に就て」体育学理研究会編『体育学理講演集 第2集』東京堂。［5］は［4］と同じ、一一八頁。［6］可児徳、一九一九「遊戯の価値」『教育時論』第1229号、三〇頁。［7］は［4］と同じ、二〇頁。［8］は［4］と同じ、二四頁。［9］は［4］と同じ、二八頁。［10］は［4］と同じ、二八頁。［11］は［4］と同じ、二八頁。［12］可児徳・石橋蔵五郎・寺岡英吉、一九二二『理論実際 競技と遊戯』中文館書店。［13］は［12］と同じ。［14］は［4］と同じ、二四頁。［15］今村嘉雄、一九五〇「学校体育に寄与した人々（六）―可児徳―」『学校体育』第3巻1号、日本体育社。［16］可児徳、一九二〇「心身の発達と体育」体育学理研究会編『体育学理講演集 第1集』東京堂。［17］は［4］と同じ、二五頁。［18］は［4］と同じ、二七頁。［19］は［4］と同じ、二六頁。［20］は［4］と同じ、二七頁。［21］は［4］と同じ、二七頁。［22］は［4］と同じ、二七―二八頁。［23］は［4］と同じ、二八頁。［24］は［4］と同じ、二八頁。［25］は［4］と同じ、二八―二九頁。［26］は［4］と同じ、二九頁。［27］は［4］と同じ、二八頁。［28］は［4］と同じ、二九―三〇頁。［29］は［4］と同じ、三〇頁。［30］は［4］と同じ、三一頁。［31］は［4］と同じ、三一頁。［32］は［4］と同じ、三二頁。［33］は［4］と同じ、三二頁。［34］は［4］と同じ、三四頁。［35］は［4］と同じ、三四頁。［36］は［4］と同じ、三三―三四頁。[37]は[4]と同じ、三四頁。[38]は[4]と同じ、三四頁。[39]は[4]と同じ、三四頁。[40]は[4]と同じ、三四―三五頁。[41]は[4]と同じ、三四―三五頁。[42]は[4]と同じ、三五頁。[43]は[4]と同じ、三六頁。[44]は[4]と同じ、三六頁。

体育教育内容論　美しさと欧米のスポーツのススメ

藤原(一九四三)は、大正時代を「自由開放の時代」「教育の劃一主義や形式主義に反する思想が勃興した時代」ととらえ、学校体育においては、「歐洲大戦前後からの外來體育思想の輸入とともに、新興の機運が動き従來の兵式體操を本位とする學校體操が、次第に改革されて、より自由で調和的な身體の發育を目的とするやうになつた[1]」という。

一方、明治末期の「体操遊戯取調委員会」や「普通体操及兵式体操調査会」を経て、学校体育は一九一三(大正二)年に「スウェーデン体操」を中心内容とする「学校体操教授要目」を制定させ、その統一および確立を果たした。確かに、「スウェーデン体操」は、全国の学校体育に普及し、昭和のはじめまで支配的に君臨することになるが、他方で、早くも大正期から同時進行的に、「スウェーデン体操」を形式的と見做し[2]、「自由」や「児童中心」を標榜する時代にそぐわないとする主張がおこったのである。

それは、藤原(一九四三)によると、「遊戯や競技を重視する米國流の體育思想」による「スウェーデン体操」批判であり、「その代表者ともいふべきものは、東京高等師範學校教授、可兒徳である。可兒は、米國に二年間留學して競技や遊戯の新研究を遂げ、恰も我が體育界が瑞典式體操の全盛時代に歸朝した。

ここに於て、可兒は一面には瑞典式體操の弱點を指摘するとともに、社會の體育熱勃興の機運に乗じて、競技と遊戯の體育的價値を高調した。されば學校要目の産みの親とも云ふべき永井道明とは、自然に正面衝突の形となり、綴方教育に於ける友納對蘆田の論争以上の大論戦が戦はれるに至つた」[3]という。

藤原（一九四三）は、ここで可児徳の言説を左のように引用するが、それが、いつ、どこに掲載されたものなのか、原典は不明である。ただ、その文面から、一九一七（大正六）年以降であることは確かである。

最近には體育思想は、非常な進歩を來して、體操の外に競技とか或は遊戯とか云ふものの要求が痛切になつて來た、之には種々の原因もあらうが、一は歐米の自動教育主義の影響と從來の劃一強制とに對する反動に由ることで、元來教授要目は單に體操教授の參考に供する爲に出したものであるに不拘、之を宣傳する人々が、全く此要目に囚はれ、一歩も此範囲外に出ることを許さぬといふ如き態度であつたことや、理論よりも實行といふて盲從を逼るといふ傾向があつたので大正六年には遂に體育家大會が東京高等師範學校に於て開かれ、自由研究の叫を擧げるに至つたのである。此時分からして我國の體育思想界には著しき變化を來し理論の上のみでなく其實際に於ても生新の氣が漲つて來たといふてよい。[4]

ここから知ることは、一九一七（大正六）年に東京高等師範学校を会場として、「体育家大会」なる「自由研究」がおこなわれたということである。

つづけて、可児徳は、「学校体操教授要目」＝「スウェーデン体操」批判を展開する。即ち、「スウェーデン体操」は、身体面では「調和的統合的の運動」でなく、精神面では「剛氣、勇敢の氣性」などを養わず、「受動的の體操」であるがゆえに、「兒童の脳を錬ることは出來難い」ものであり、いずれの面においても、その教育効果は不充分であるという。

ちなみに、当時、「スウェーデン体操」には訓育上の期待が込められており、津田信雄は、『学校教育を基礎としたる体操教授の新研究』（一九一四年）で、「体操精神」＝「規律的精神・共同的精神・敏活的精神・実行的精神・突撃的精神」[5]の発揮こそが体操科の任務であると強調している。

そして、可児徳は、「スウェーデン体操」の弱点を補うものとして、いままさに「遊戲」の教育的効果が認められてきたと主張する。

是等の缺點を補ふ爲に、體操の教材に就て、尚考究するの余地はあるが、今日では此精神訓練又は心理作用に最も効果ある自動的、自治的の遊戲又は競技を以て、其足らざる點を補はなければならぬといふ考が一般に普及して來たので、今や此新思想は滔々として日本の體操教授界に漲りつつあるのである。尚又最近の體操學と云ふものがまだまだ幼稚であつて學校體操教授要目を實際に適用して居る上にも生理解剖上から考へても間違つて居ると云ふやうなことが、澤山あるのみならず、其教授法が形式に流れて力ある意氣充實せるものではなくて一から十迄、殆ど一齋教授で單に形が揃ふといふ事のみを目的として、個人々々の體格如何を顧みると云ふことがなかつたけれども、此點に就ても段々覺醒する所あるやうになつて、脊柱の彎曲に對しても、一□[不明]軀幹練習の外、それを個人に付て矯正しなければならぬ。即ち個別取扱をもう少し徹底させなければならぬと云ふやうな說も起つた。即ち體操は隊列運動等の外は必ずしも多勢一所に行はなければならぬと云ふものでなくして、假令、團體教授であるにしても、今少し個性發展に重きを置かなければならぬといふ說が行はるるやうになつた。[6]

更に、当時、「遊戯は體育の藝術化として、また當時の學校舞踊などとともに、自由教育思潮の支持するところであり、競技はその國際性の故に、國際教育思潮に支持されたのである。從つて、可兒の體育觀は、少くも當時としては進歩的な主張であり時代の趨勢を把握したものであった[7]」のである。一九二二（大正一一）年、可児徳は「國際的競技運動と舞踏的のリズム運動とを奬めたい[8]」といっている。

体育の「芸術化」では、可児徳は、まず、男女間には異なる「女性美」「男性美」があることを前提とし、それぞれの「身体美」「運動美」を追究した。そして、とりわけ可児徳が注目したのは、「女性美」であった。それは、日本の女性が日本の男性よりも、そして、アメリカの女性よりも、「身体美」「運動美」の追求において「劣っている」「遅れている」という問題意識からであった。そうしたうえで、女子には「リズム運動」を課すことを奨励した。

斯かる美的運動は、女子に最も必要な運動美を體得せしめ動作が艶曲優雅となり、女子特有の優美なる姿勢即ち女性美を表顯せしむるに至るのである。之は恰かも男子が競技的運動に由りて其男性美を發揮するのと同様であらう。[9]

つまり、女子には「遊戯」、男子には「競技」という区別が明確になされる。女子は「遊戯」をおこなうことによって、その「女性美」を発揮できることになり、男子は「競技」をおこなうことによって「男性美」を発揮するという、いわば良妻賢母主義的ともいえる体育観であった。アメリカ人女性が活発な「運動（スポーツ）」に参加する状況を好意的にとらえていた可児徳であったが、ここでは多少の屈折がみられたといえる。

「体育」の「国際化」という意味においては、可児徳は、次のように述べている。

國際的競技運動は、身體の敏活輕捷を訓練し得る他に全身の活動的調和運動であるのは無論であるが、我國婦人の一體に陰鬱なる氣分を引立て快活にならしむる他は、眞の共同又は責任観を増進し、迅速なる判斷の養成上他に是程良い訓練法はなからふと思ふ。[10]

「体育」の「国際化」とは、観客を呼び込んで「見せる体育」ではなく、国際的におこなわれている「運動（スポーツ）」を、日本においてもおこなうことを奨励するものであった。ここで可児徳がいう「国際的」とは欧米諸国に範があることはいうまでもないが、この言説の特徴は、それを男子に課すことの意義を強調するのではなく、女子に課すことの意義にも注目していることである。女子には、前述のように「遊戯」ばかりを課せばいいというものではなく、「国際的競技運動」も課すことが必要であるという。そして、それは、女子が「陰鬱なる気分」をもち、「共同心」「責任感」「迅速な判断」に欠けるものであるという問題意識による「国際的競技運動」の必要であった。

その後、昭和の戦時期に入るまでの間、諸種の「競技」や「ダンス」などは、日本の学校体育ばかりでなく、社会体育においても急速に普及していく。その序奏としての大正期の「体育」は、「『競技と遊戯』によつて代表される」[11]状況を迎え、まさに、可児徳はオピニオンリーダーのひとりに位置づけられるものであった。

もちろん、あたらしい「体育」の導入に対し賛否はあったものの、その推進に貢献したのは、その時代、各段階における教育機関、―主として私立学校の存在であった。とりわけ、大正自由教育とは初等・中等教育機関を中心舞台にしてくり拡げられたものであるが、大正期・昭和前期にそのような「あたらしい教育」を実践する学校は、一道一都二府四二県に総計二一三四校[12]ともいわれた。

その代表的な存在として、一九一七（大正六）年四月に沢柳政太郎によって「教育上一定の主義確立し、其の主義を實行する所以の手段方法に關し定見あり、而かも既設の學校に於ける主義方法と異なるときには、茲に私立學校を設立する必要が生じる」[13]として創設された成城小学校が挙げられる。沢柳政太郎曰《いわ》く、「理想的私立學校は特色ある主義方法に基づく教育を施さなければならぬ[14]」ことから、成城小学校では「自學自習と自治自律[15]」を掲げ、「伸びる小供は伸びるだけ、遅い小供はその歩みに伴れて進んで行かせる」という「兒童本意の教育[16]」が実践された。

このような教育界における「デモクラティックな気運の高揚[17]」は、一九一八（大正七）年一一月に終結した第一次世界大戦後、一九一九（大正八）年から一九二一（大正一〇）年の間こそ、もっとも活気にみちていた。それは当時の社会情勢に後押しされるものとして隆盛をみたわけだが、―即ち、第一次世界大戦は未曾有の戦時好況を味わう「成金」を続出させたが、一方で米価の暴騰のため、一九一八（大正七）年八月には富山県の主婦らをはじまりとする米騒動が起こり、それは三八市一五三町一七七村において労働者による労働者のための運動として、労働者階級には自信を、支配階級には脅威を与えることになった[18]。

また、大戦によるインフレーションは教育界にも押し寄せて、一九一七（大正六）年から教員の実質賃金は著しく下落した。生活に困窮する教員の実態は社会問題化し、教員らは高揚する労働運動に倣って、教員による団体組織を立ち上げ、待遇改善（賃金要求）運動を全国各地で巻き起こすことになった[19]。

そして、一九一九（大正八）年八月には、教員団体「啓明会」（一九二〇年に「日本教育組合啓明会」と改称）が反資本主義者であると同時に、反軍国主義者である下中弥三郎を中心に発足され、「みずからの力で人間改革をおしすすめていく必要[20]」があると教員を覚醒させ、「教育理想の民主化」「教育の機会均等」「教育自治の実現」「教育の動的組織」を掲げ、教育改革運動を展開していった[21]。

このような動きに触発されるかのように、一九二一（大正一〇）年四月には、羽仁もと子の自由学園、西村伊作の文化学院、同年九月には、鈴木文治らによる日本労働学校といった個性的な私立学校が創設された。

「教育や學習の基調は兒童の自由なる拘束されない自發的活動にある[22]」とする大正自由教育の実践校はますます増えて、形式的な「スウェーデン体操」を主とする体育に対しては、「極端な自由教育を主張する新學校のなかには、窮屈な學校體操などは價値を認めず、事實は、體操廢止のやうな學校[23]」も現出した。

当時、沢柳政太郎の学校体育観は、以下の通りであった。

運動の盛ならんとするは可なり、競技も可なり、而もスポーツマンシップ、運動精神はなし。わが學園の運動競技には必ずスポーツマンシツプがなければならぬ、フエイアプレイの精神がなければならぬ、わが成城學園より一の選手を出さざるも毫も恥にあらず又意とするに足らぬ。何れの運動も選手の運動でなく學生全體少くも其の大多數の運動でなくてはならぬ。[24]

時代は、「スポーツマンシップ」や「フェアプレー」が求められるまでに、「運動競技」が盛んになっていた。そして、沢柳政太郎は、一部の選手が「運動競技」をおこなえばいいというわけではなく、常に学生全体を視界に入れたうえでの「運動競技」が必要であるといった。

当時、多くの学校、多くの教育者が児童や生徒に向き合い、あるいは向き合おうとし、それぞれの教育観にもとづいて、これからの体育を組み立てようとしていた。

（参考文献）［1］藤原喜代蔵、一九四三『明治 大正 昭和 教育思想学説人物史』（第三巻）大正年代篇、東亜政経社、六三四頁。［2］高津勝、一九九四『日本近代スポーツ史の底流』創文企画。［3］は［2］と同じ、六三五頁。［4］は［2］と同じ、六三五―六三六頁。［5］川島虎雄、一九八二『日本体育史研究』黎明書房、一二〇―一二一頁。［6］は［1］と同じ、六三六―六三七頁。［7］は［1］と同じ、六三五頁。［8］可児徳、一九二二「男女体育上の相異点」『体育と競技』第1巻10号、体育学会、三四頁。［9］は［8］と同じ、三四頁。［10］は［8］と同じ、三四頁。［11］は［1］と同じ、六三五頁。［12］小原国芳、一九七〇『日本新教育百年史』第2巻（総説、学校）、玉川大学出版部、一七一―一八〇頁。［13］沢柳政太郎、一九四〇『退耕録及随感随想』第一書房、七〇頁。［14］は［13］と同じ、七二頁。［15］沢柳礼次郎、一九八七『吾父 沢柳政太郎』大空社、一六一頁。［16］は［15］と同じ、一四八―一四九頁。［17］中野光、一九七七『大正デモクラシーと教育』新評論、一二六頁。［18］橘与志美、一九九九「大正デモクラシー期の教育と思想に関する研究」『大東文化大学紀要』第37号（社会科学）、大東文化大学、一四頁。［19］は［17］と同じ、七三―七八頁。［20］は［17］と同じ、七九頁。［21］は［17］と同じ、七八―八七頁。［22］は［15］と同じ、一四九頁。［23］は［1］と同じ、六三九頁。［24］は［15］と同じ、一六一頁。

女子体育論　姿勢良く、スタイルを良くするためには

可児徳が女子体育の必要性を強調するようになるのは、アメリカ留学から帰朝後のことになる。留学以前にも女子体育に関する著書の刊行や、日本体育会体操学校女子部および私立東京女子体操音楽学校

表14　可児徳による日本における男女の比較

	男　子	女　子
青年期	15歳（高等の1、2年から）。	12歳（小学校の尋常、5、6年から）。
筋肉	胸部腕、腓部諸筋が発達。硬くて荒い。	臀部、大腿が発達。軟らかく質細かい。
骨	太く強い。	細く弱い。
心臓	強い。	弱い。
肺活量・呼吸	1分間に18回程。深く強い。	1分間に24回程。浅く弱い。
脂肪	少ない。	多い（運動には重い荷物になる）。
動作		器用だが敏捷でない。
腕力・腰の力	強い。	弱い。
消化器・食物摂取量	多量。	少量（複数にわけて摂取）。
月経	無し。	有り。
精神	発動的。進取的。	受動的。保守的。
意志、責任感	強い。	弱い。
感情	弱い。	強い。涙もろい。

注）表中は新仮名づかいに改めたが、各項目の表現は原文のまま。
出典）可児（1920「女子体育と遊戯に就て」, 2－12頁）より作成。

で講師をつとめるなど、女子体育に接する機会はあったが、「体育」において男女分化に着目するようになったのは、帰朝後のことである。

一九二〇（大正九）年には、表14のように身体と精神の両面からみた男女の相違点を上げ、ゆえに「女子にはどうしても女子特別の體育法を施さねばならぬ[1]」と述べている。

このように、可児徳は、女性（女子）が男性（男子）に比して「弱きもの」ゆえ、庇護の対象と見做していた、―あるいは、見做すことになっていった。

女性を精神面や教養面でも「遅れたもの」とし、そのために教育が必要であるという見解である。そこには、日本における男女の比較ばかりでなく、高学歴にあるアメリカ人女性と日本の女性という比較も可児徳の念頭にあったであろう。

そうしたうえで、可児徳は女子体育について、「女子に余り運動を奨励すると其の美を損すると言う人もありますが、我國では當底そんな心配はありません。運動不足で女子の身體は全く出來て居ないと申したい程であります」[2]といい、更にアメリカの女子にできていることが「日本の女子にやつても出來ぬといふ筈はありません」[3]という。

原点にあるのは、女子体育の目的、――「姿勢と體格を改善すること」[4]である。可児徳のみた「改善」しなければならない女性たちとは、以下の通りである。

多くの婦人中には、話す時女は揉み手をし、口を歪め又は笑ひに紛らして不徹底なことを言ふものなりと心得、途行く時は仔細らしく體を捻ねり、膝を曲げ蹣跚として、宛ら半身不随病者の其れの如くなるを以て美なりとするが如き時代錯誤にとらはれて居るものもないではない。足を八字に踏むといふことが女性美の重大な要素の如くに思はせたかも知れぬが、曲線を畫いて足を前進することは不經濟な歩法であるのみならず、内輪に歩るく人種は恐らく日本人をおいて他にはなかるべく、猿猴類や熊は此種の歩行を成すを見る[5]（原文中のルビは省略）。

では、そのために如何なる内容を課すかといえば、「体育」を「体操」と「遊戯」に二分したうえで、「青年期の女子には體操に於て矯正的及規則的體操を主とし遊戯に於ては競争的團隊遊戯及律動的遊戯が適當」[6]であるとした。

「体操」については、「余り過剰ならざる緩慢な瑞典流」[7]を推奨した。そして、「頗る不自然な歩き振り」[8]をしている女性たちに対し、「矯正體操又は醫療體操を女學校で特別にやることは我國ではまだ行はれて居ませんから、是非之は實施する必要のあること[9]」という。しかし、その実行に際しては、日本においては「女學校で個別的取扱が缺けてゐる[10]」というマイナス面があり、アメリカの女学校のように医学者としての教員が児童や生徒ひとりひとりの身体的特徴をみて、個別の運動を課すという「個人の尊重[11]」をベースにした教育法に切り替える必要があるとした。

また、「スウェーデン体操」だけでは、女子体育の固有性を満たすことはできない。即ち「女子には曲線的運動の方が女子としては寧ろ必要[12]」という女性性による「体育」の分化である。要するに、「女子に婉曲優雅な美があつて、これ始めて男子の男子らしい壯美と調和する[13]」と、観賞の対象としての女性美、あるいは男性性との分化による調和のための身体美を女子体育に要求した。これは「大事な娘を兵隊の様にゴツゴツにはしたくない[14]」ために「父兄が學校の體操を好ま[15]」ないという状況に対応するものでもあった。

そこで課されるものは、いうまでもなく「遊戯」である。まずは、「姿勢を美にし且端正な優美なる歩行法を習得せしむる[16]」ために「舞踏的行進運動[17]」を課す。また、「我國婦人の一體に陰鬱なる氣分を引立て快活[18]」にするためには、「リズム運動としては、ギムナステイツクダンス的なものが最も無邪氣でよい[19]」として、更には、女子は「感情が高[20]」く、「責任觀が薄い[21]」ために「センターボール、バスケツトボール[22]」などの「團體的競技的遊戲[23]」を主におこなうことを奨励した。ボールを使用する「競技」は、「迅速なる判斷機敏なる行動[24]」を養うものと見做されていたが、あえてボール競技を女子に課す理由には、次のような女性への認識があった。

女子は一般に判斷や決心が遲い、買物に行つても仲々決斷が出來ぬやうで、朝から晩まで色々選擇に迷つてやつと一つの品物を買つて來ても家へ來ると又氣に入らぬ翌日持つて行つて替へて來るといふやうな無駄なことをする事が屢々あるやうであります。[25]

可児徳はここで、当時の女性の一般的な性向を引き合いに出し、ネガティブなものととらえている。少々偏狭な解釈ともいえるが、ここから知ることは、可児徳は「今日の忙しい世の中にかゝる事柄に時間を空費することは愚かなること」[26]と、「個人」の生活スタイルとして、女性の機敏な動き、迅速なる判断力を養いたいとしていた。また、「個人的な競技」よりも「団体的な競技」こそ必要である理由には、女性は感情の強さのあまり「個人的に負けると其れが中々苦痛である」[27]ということを上げている。即ち、可児徳のそれは「国家」のために共同心を強いるものではなかったといえよう。

（参考文献）［1］可児徳、一九二〇「女子体育と遊戯に就て」体育学理研究会編『体育学理講演集 第2集』東京堂、二頁。［2］は［1］と同じ、一二頁。［3］は［1］と同じ、一三頁。［4］は［1］と同じ、一四頁。［5］可児徳、一九二二「男女体育上の相異点」『体育と競技』第1巻第9号、体育学会、三〇頁。［6］は［1］と同じ、一三頁。［7］は［1］と同じ、一四頁。［8］は［1］と同じ、一五頁。［9］は［1］と同じ、一四頁。［10］は［1］と同じ、一四頁。［11］は［1］と同じ、一四頁。［12］は［1］と同じ、一六頁。［13］は［1］と同じ、一七頁。［14］は［1］と同じ、一六頁。［15］は［1］と同じ、一六頁。［16］は［1］と同じ、一五頁。[17] は [1] と同じ、一五頁。[18] 可児徳、一九二二「男女体育上の相異点」『体育と競技』第1巻第10号、体育学会、三四頁。[19] は [18] と同じ、三四頁。[20] は [1] と同じ、一九頁。[21] は [1] と同じ、一九頁。[22] は [1] と同じ、一八頁。[23] は [1] と同じ、一八頁。[24] は [1] と同じ、一八頁。[25] は [1] と同じ、一九頁。[26] は [1] と同じ、一八頁。[27] は [1] と同じ、一九頁。

(二) しのびよる戦争のための体育に対峙する

永井道明との論争

可児徳は一九二一(大正一〇)年九月に東京高等師範学校を退官[1]しているが、その背景には、ふたつの理由があったものと考えられる。ひとつは、同校教授・永井道明との体育観をめぐる論争であり、もうひとつは、大正期における「体育」を取り巻く状況、—その時代背景によるものである。

永井道明との論争については、可児徳による「学校体操教授要目」批判、ひいては学校体育の遊戯化という主張に起因する。

おりしも、国内における中等・高等教育機関での各種対校試合や大阪毎日新聞主催の第一回日本オリンピック大会(一九一三年一〇月)、大日本体育協会主催の第一回陸上競技会(一九一三年一一月)、同協会主催の第一回水上競技大会(一九一四年八月)などといった国内競技大会の開催に加え、第五回オリンピック大会(一九一二年七月、ストックホルム)、第一回東洋オリンピック大会(一九一三年二月、マニラ)などの国際大会に日本の選手も出場することで、競技大会熱は一気に高まりをみせていた。また、第三回極東選手権大会（一九一七年五月）は、日本で最初の国際競技会を開催するに至っていた。

こうした流れは可児徳と永井道明、両者の葛藤を避けがたいものとしていった。可児徳はこのような潮流の先頭に立ち、「体育の遊戯化・競技化」「体育・競技（スポーツ）の国際化」を積極的に強調し、社会的にもそのような発言を歓迎する傾向にあった。しかし、それはあくまでも体育界における傾向であって、学校体育の現場は、必ずしも競技化や国際化を手放しで歓迎するものではなかった。

今村（一九五〇）は、学校体育という枠内における可児徳についてを、次のように述べている。

当時学校体操は、瑞典体操中心の学校体操教授要目に準拠すべきことが要求せられており、しかもその要目が同僚である永井さんの原案に基くものであつたために、学校体育の枠内では可児さんの能力の発揮しようがなかつた。可児さんがその特徴を発揮することは永井さんにしてみれば、学校体操の弱点をつかれることであり、そうでなくてさえ、要目は瑞典体操に偏しすぎるとの非難の声が漸く高まりつゝあつた時であつたから、何かにつけて可児さんは苦しい立場に立たされた。これを外国人にたとえれば、かのロートシュタインの如く、頭脳明晰で一徹で、信念には強かつたが、政治性に乏しかつた永井さんが、可児さんの長所を十分生かすことができなかつたのである。[2]

このような可児徳と永井道明の体育観のズレは、可児徳を東京高等師範学校から退官させることになったが、その背景にある時代のうねりは、更に大きな力をもって「学校体育」をゆさぶった。

当時、日本の学校体育は、可児徳の指摘にもあるように、初等教育が中心で、中等・高等教育段階になるほど、生徒・学生にとって、その効力は低下傾向にあった。[3]それは、中学校や高等学校、専門学校などの体操科で実施された「上」からの、―国家権力を背景とする「体操」や「教練」が重視されるほど顕在化するものであった。即ち、軍事国家としての進展を目論む陸軍出身教官の存在に対し、生徒・学生たちは反発する傾向にあった。それは、結果として生徒・学生たちを「体操」や「教練」から遠ざけ、課外体育としての「競技＝スポーツ」へ誘うことにもつながった。そのような生徒・学生に対し、軍部は「西欧依存の個人主義思想、自由主義思想として危険視[4]」し、東京帝国大学総長・山川健次郎を筆頭とする教育界の著名人は「学生の道義の頽廃[5]」と受け止めた。そして、一九一六（大正五）年頃には、再び国民皆兵主義による「兵式体操」の必要が強調されることになっていく。いうなれば、森有礼時代の「極端な軍事訓練を学校に課すことによって、尚武の気風を作振[6]」する必要に迫られていった。これは学校体育の内容についての議論から、軍人教員是非論にまで拡大され、一九一七（大正六）年の「臨時教育会議」における討議へとつながっていく。

寺内正毅内閣直属の諮問機関として設置された「臨時教育会議」では、一九一七（大正六）年一二月、江木千之をはじめとする兵式体操振興者によって「兵式体操振興に関する建議案」が提出され、結果、「徳育」と抱き合わせの「兵式体操」を奨励することになった。これは、後の一九二五（大正一四）年四月の「陸軍現役将校学校配属令」につながるものである。

この「臨時教育会議」を起こした文部大臣・岡田良平[7]は、一九一八(大正七)年五月におこなわれた地方長官会議における演説で、以下のように語っている。

體育の奬勵振興に關しては客年各位の留意を促し各位に於ても鋭意其の進歩改善に努められつゝあるを以て將來國民の體力增進に對しては漸次其の効果を擧ぐるに至るべしと雖戰局の教訓に鑑み帝國の將來に稽ふれば今後一層體育の必要を自覺せしめ其の奬勵を促すの要ありと認む若し夫れ兵式教錬を振興して強健にして規律ある國民の素地を作らしむるが如きは教育上特に緊急の要務たるべし[8]。

岡田良平による、教育(文部省)と軍部(陸軍省)をつなごうという意図は、一九二五(大正一四)年五月におこなわれた地方長官会での演説から知ることができる。

體操科ニ於ケル教練振作センカ爲ニ本年度ヨリ中等學校以上ニ陸軍ノ現役將校ヲ配屬セシムルコトニ致シマシタ。之ニ關スル勅令省令等モ既ニ發布セラレタノテアリマスカラ、コレモ亦各位ノ十分ニ了承セラルル所テアラウト信シマス。教練ハ明治十九年以來今日ニ至ルマテ諸學校ニ於テ實行シツツアルノテアリマスカ、近來往々徒ニ形式ニ流レテ當初ノ精神ヲ失フノ嫌カアリマス。依テ大正六年臨時教育會議ニ於テ、現役將校ヲ用井テ兵式教練ヲ振作スヘキ旨ヲ内閣總理大臥ニ建議シタコトモアリマス。又學校當事者中ニモ夙ニ之ヲ憂慮シテ附近ノ聯隊ト交渉シ、現役將校ニ生徒教練ノ檢閲指導ヲ依囑スル等ノ方法ヲ講スルモノモアリマシタ。政府ハ右ノ情勢ニ顧ミ、又大戰後歐米諸國ハ競ツテ國民訓練又ハ軍事豫備教育ノ施設ニ努力シツツアルノ現状ニ鑑ミ、學校ニ於ケル教練ニ今後一層力ヲ用フルノ方針ヲ定メ、其ノ有效ナル手段トシテ之カ教授ヲ現役將校ニ委囑スルコトニ致シタノテアリマス。而シテ其ノ主旨トスル所ハ學生生徒ノ心身ヲ鍛練シテ身體ヲ強健ニシ德性ヲ涵養シ、兼テ國防能力ヲ增進スルニ在ルノテアリマシテ、其ノ自然ノ結果トシテ兵役年限ヲ短縮シ得ルノテアリマス。教練ニ對スル今回改正ノ趣旨ハ以上述ヘタ通リテアリマス。之カ實施ニ就イテハ配屬將校ヲシテ學校長ノ指揮監督ノ下ニ立タシメ、青少年心身發達ノ狀況ニ應シテ有効適切ニ教授セシムル筈テアリマス。[9]

このように、明らかな「国家」の意向、―現役将校を学校体育のなかに取り込み、「兵式体操」を通じた尽忠報国の精神（愛国心教育）を喚起し「徳育」を向上する、―学校に「現役将校を配属して、入営前に学校の中で国民の軍事的素養を準備する」[10]という意味での「徳育」、即ち「国防能力の増進」[11]を意図して、「臨時教育会議」は設置されたのである。

そして、一九二五（大正一四）年四月の「陸軍現役将校学校配属令」と翌年四月の「青年訓練所令」の公布は、「文相岡田と陸相宇垣との『熱心な協力』によって実現されたものであるが、その背後では、第一次世界大戦の世界的平和の風潮の中で行われた『軍縮』問題が大きく影響していた。即ち、大正一一年から一四年にかけて行われた軍縮に伴う国防能力の全体的な低下、あるいは在営年限の短縮問題などを、学校軍事教練によって補充且つ強化しよう[12]」という狙いをもっての「兵式体操」の復活であった。

一方、大正自由教育思想に則った「教育改造への動きが全国的規模において強い共鳴を生み出していたことを象徴[13]」する出来事、――「教育学術研究大会」は、大日本学術協会の主催によって高等師範学校講堂を会場に、一九二一（大正一〇）年八月の八日間に全国から教育関係者二、〇六〇人を呼び込むことになった。[14]

後に「八大教育主張講演会」と称されるこの会は、いずれも大正自由教育思想の基底をなす八つの教育主張、即ち及川平治による「動的教育論」、稲毛詛風による「創造教育論」、樋口長市による「自学教育論」、手塚岸衛による「自由教育論」、片上伸による「文芸教育論」、千葉命吉による「一切衝動皆満足論」、河野清丸による「自動教育論」、小原国芳による「全人教育論」が展開された。[15]

だが、教育改造の気運は張っていたが、一方で講演者と聴講者による認識のズレ、温度差があった。[16]それは、八大教育主張における方法論の欠如や現場認識の相違が要因であった。[17]

聴講者（教育現場）側は、「教育主張の発信者に絶えず『新しさ』『奇抜さ』を要求し、教育主張の内容よりむしろ、発信者の言説にみられる『新しさ』によって各主張を評価していた[18]」のである。それは、山田（二〇〇四）による「『実際の教育に役立つかどうか』ということではなく、『いかに新しい観点から教育（＝教員にとっての仕事・生活）を価値づけてくれるか』という『目新しさ』であったのではないか。しかしまた、そうした知が『教育』の内部でささいな差異を競い合う抽象的で理念的な（事実を無視した）

教育知である限り、『教育（＝教員にとっての仕事・生活）』を十分に価値づけることは不可能なので、その知は次々と使い捨てられ、また『新しい知』が求められていく（新しい知が生産され、流通し、消費される）。『大正自由教育＝新教育運動』の『新しさ』とは、こうして『教育言説が目新しさを競い合う』という事態そのものの『新しさ』にあったのではないか[19]」という指摘の通りである。

更に、一九二一（大正一〇）年には、大正自由教育は「超主観主義的思想[20]」、一九二三（大正一二）年には、「一種の主義であるに違ひないが、主義であるためにこの主義や以外の主義なり思想なりに耳を假さないで、ひたすら自己の主義を堅く守るといふことになつて、そのためにいはゆるイズムの弊を醸すことがあり得る[21]」「兒童本位といふことに傾くと勢ひ教師の積極的影響といふことが閑却される[22]」とされ、一九二八（昭和三）年には、「時代おくれのブルジョア・リベラリズム[23]」などと評されることになっていく。

時代は、日本の資本主義化を加速させ、それに拮抗するかたちでマルクス主義に支えられた社会主義運動を活発化させた。しかし、「大衆」による運動が活発になればなるほど、国家はその権力をもって抑制・弾圧をくりかえしていく。そして、大正自由教育は、徐々に求心力を失っていった。

このように、大正自由教育の隆盛期にあっても、そのすぐ横で冷ややかな批判をみるものであったが、一九二〇（大正九）年、結局、「体育」の中心に「遊戯」を置く可児徳の体育観と「スウェーデン体操」を中心に置く永井道明の体育観は、「職を賭しての主義の爲の戰ひ[24]」というほどの論争に展開し、当時の体育界に、「永井派」「可児派」という派閥を生じさせるまでに至った。

同年六月一二日付の『読売新聞[25]』には、それを伝える「高等師範の体育科に教授排斥の気勢」とする記事が載った。この記事によると、当時、東京高等師範学校体育科内では、体操科を永井道明、津崎亥九生、三橋喜久雄が、競技科を可児徳、野口源三郎、斉藤兼吉が担当していたが、同年に開催される第七回オリンピック大会（アントワープ）への列席および欧米諸国の体育視察には、永井道明が出向くことが決定されていた。その費用は東京高等師範学校が負担するという。

ところが、それは可児徳の反対によって白紙となり、永井道明は休職あつかいで私費によってアントワープ（ベルギー）に渡ることになった。更に、同大会には野口源三郎、斉藤兼吉も列席することになり、同校の競技科は可児徳がひとり、その留守をあずかる身になった。

だが、学生は永井道明に対立した可児徳を快く思わず、随意科の文科、理科の学生全員が可児徳の授業をボイコットし、はたまた体育科二年生の一八名、一年生の一六名、予科生の八名、合計四二名が、当時の校長・三宅米吉に、野口源三郎と斉藤兼吉の帰朝まで二カ月間は競技科を自習したいとの自習案を提出した。三宅米吉は、可児徳に対する学生の態度を鎮静することは困難であり、このままでは排斥の声が上がるかもしれないと判断し、その自習案を許可したということである。

この紙面では、なぜ、可児徳が永井道明の渡欧を反対したのか、野口源三郎と斉藤兼吉の渡欧については如何であったのか、また、なぜ、学生はそれほどに可児徳に反発したのか、などという理由は明らかでない。

いずれにせよ、可児徳と永井道明がその体育観における相違にとどまらず、東京高等師範学校内において学生をも捲《ま》き込むかたちで対立する構造にあったことがうかがわれる。

また、真行寺朗生が、「時の学校長嘉納治五郎氏と教授永井道明氏の体育観の根本的相違より出発したる学校長対永井氏の正面衝突、…延いて時の東京高師職員間の二大閥、即ち兵庫閥、茨城閥の暗闘となり、…嘉納学校長を取り巻いて反永井の気勢を挙げた者、更に可児氏擁立して反永井、殊に準茗渓派ならざる三橋喜久雄の排斥を企画するものも簇出して、大正九年頃には最も露骨に一大暗闘を演ずることになった。…斯くして我が学校体育の最高指導者間には、実に語るもいまはしき争閥と波乱を起こしたのであった[26]」と伝えるように、ことは単に可児徳と永井道明ばかりのことではなく、まずは嘉納治五郎と永井道明の体育観の相違が、嘉納治五郎の出身地である「兵庫閥」、かたや永井道明の出身地である「茨城閥」と、それぞれの取り巻きを捲き込んだ派閥抗争に展開していったようである。そこに加えて、可児徳は擁立されるかたちで永井道明に反目する立場をとることになっていったと読みとれる。

更に、東京高等師範学校に一九二三（大正一二）年に入学している今村嘉雄は、次のように伝えている。

可児さんの人となりについては、可児さん自身が「自分は非常に人に誤解されやすい人間であって、高師の教授をやっていたときも、しばしばそのようなことが起つた。」と云つているように、どちらかと云えば、交際のあまり上手でなく、往々人に誤解される損な性格を持つていた。永井さんが闊達縦横にふるまつたに対して、可児さんは、こつこつと自分だけの道を地道に掘り下げていつた。瑞典体操中心の永井さんの、いきかたに、必ずしも心から共鳴できないものをもつていた可児さんは、体育界の将来、自身の将来を深く読みとつて、多くの人に惜しまれながら退官したのである。そこにも、われわれは可児さんの強い武士的な性格の一面を見ることができるように思う。[27]

今村嘉雄が東京高等師範学校に入学した時、すでに可児徳は退官していたが、―このエッセイが掲載された一九五〇（昭和二五）年一月に、可児徳は七五歳と健在であり、今村嘉雄にとって母校の教員であった可児徳に対する幾分かの配慮が働いたり、誇張や遠慮があったりしたかもしれない。しかし、それらを差し引いたにしても、可児徳は当時の体育界の状況と自らの主張との隔たりを憂慮していたものと思われる。

一九二一（大正一〇）年九月、可児徳は、四七歳にして東京高等師範学校を退官した。永井道明もまた、一九二二（大正一一）年三月に東京高等師範学校を、翌年三月には東京女子高等師範学校も退官している。

（参考文献）［1］東京文理科大学、一九三〇『東京高等師範学校一覧』（自昭和四年四月 至昭和五年三月）東京文理科大学、三〇九頁。［2］今村嘉雄、一九五〇「学校体育に寄与した人々（六）―可児徳―」『学校体育』第3巻1号、日本体育社、一四頁。［3］竹之下休蔵・岸野雄三、一九五九『近代日本 学校体育史』東洋館出版社。［4］は［3］と同じ、一一六頁。［5］は［3］と同じ、一一六頁。［6］は［3］と同じ、一一六頁。［7］尾崎ムゲン、一九九一『日本資本主義の教育像』世界思想社、二二一―二二三頁。［8］文教資料編纂会編、一九八四『歴代文部大臣演説集』文教資料編纂会、三四〇頁。［9］は［8］と同じ、三五〇―三五一頁。［10］橋口菊、一九六〇「兵式体操振興ニ関スル建議」海後宗臣編『臨時教育会議の研究』東京大学出版会、九五三頁。［11］は［10］と同じ、九五二頁。［12］は［10］と同じ、九五一頁。［13］中野光、一九九八『大正自由教育の研究』

黎明書房、一四六頁。〔14〕中野光、一九七七『大正デモクラシーと教育』新評論。〔15〕は〔14〕と同じ。〔16〕永江由紀子、二〇〇五「一九二〇年代における大正自由教育批判」『九州教育学会研究紀要』第33巻、九州教育学会。〔17〕は〔16〕と同じ。〔18〕は〔16〕と同じ。〔19〕山田和宏、二〇〇四「メディアという視点から見た『新教育』」『日本教育史往来』No.151、日本教育史研究会、一三頁。〔20〕渡部政盛、一九二一『改造的教育思潮批判』大同館書店、三八二頁。〔21〕明治教育社、一九二三『自由教育厳正批判』啓文社書店、三三二頁。〔22〕は〔21〕と同じ、三三三頁。〔23〕は〔13〕と同じ、二四九頁。〔24〕藤原喜代蔵、一九四三『明治大正昭和 教育思想学説人物史』（第三巻）大正年代篇、東亜政経社、六三七頁。〔25〕読売新聞社、一九二〇『読売新聞』六月一二日付。〔26〕入江克己、一九九二「大正自由教育の方法思想に関する研究（2）～川口・雑賀の自由体育論から木下・北井等のファシズム体育論へ～」『鳥取大学教育学部研究報告 教育科学』第34巻第2号、鳥取大学教育学部、五六頁。〔27〕は〔2〕と同じ、一四頁。

軍事体育論の台頭によって

東京高等師範学校で、可児徳に替わって同校の教授に就いたのは、一九二一（大正一〇）年にアメリカ留学から帰朝したばかりの三五歳の大谷武一であった。

一九二二（大正一一）年、大谷武一は欧米諸国の状況を、以下のように伝えている。

先に國際聯盟の締結があり、今復華府に軍備縮少會議の開催を見、世界は平和の氣に充ち、武力の闘争は永遠に其跡を絶つが如くに思はれるが、一方平和的戰爭の舊にも倍して激甚の度を加へるであらうとは識者を待たずして明かである。されば各國は爭ひて國力の充實に腐心し、國民の能率増進、保健體育の發展に努め「聽明なる投資」と稱へて國民體育向上の爲めに巨額の資を投じつ、あるのである。就中、獨逸の如きは敗慘の苦中に在りてよく百年の大計を建てる事を忘れず、國力恢復の手段は國民體力増進の一あるのみ、と稱して財政窮乏の裡から年々多額の費用を割いて體育の研究及其の普及、宣傳に努めて居るのである。

彼等は外に平和人道を唱へ軍備の撤廢を高唱しながら、内に國力増進の急務なる事を一日も忘れぬ。ある識者は「今後の世界に於てよく優勝國たるか將又劣敗國たるかは一に懸つて其國民が體育問題を如何に取扱ふかによりて決せられる」と叫んで居る[1]（傍点、括弧は原文のまま）。

ワシントン会議がもたらしたものは、①日本は大戦中の好景気とは打って変わって一九二〇（大正九）年以来の戦後恐慌・不況にあったが、その財政破綻から救われたこと、②軍拡競争によるアメリカと日本間の関係悪化をまぬがれたこと、③大国が話し合いで軍備を実質的に縮小した最初の事例として、国際的な軍備管理にあたらしいページを開いた画期的な出来事であった[2]、ということである。

だが、このワシントン会議による軍備縮小の取り決めに対して積極的に危機感を高めたのは、いうまでもなく軍部そのものであったが、それに連なる一群として体育関係者が挙げられる。体育関係者のなかでも、とりわけ日本を軍事強国として位置づけたいとする人、あるいは、「体育」こそ軍事的な役割を担うものと認識する人たちにとっては重大な出来事であった。そして、この軍備縮小を逆手に取るかのように、その代替になる「体育」の必要を主張する体育関係者も現れた。

たとえば、軍備縮小にともなう「体育」の役割として、嘉納治五郎は次のように述べている。

古來の歴史を見るに、尚武の氣の盛んな時は國民の精神が緊張して居つて國が興つた場合が多いが、武を輕んじて文のみを奬勵した爲めに國民が惰弱になり終に國家の滅亡衰頽を招く原因となつた例が往々にしてある。故に軍備を縮少することはよいが一方には文弱に流れることを防がねばならぬ。而して之を爲すのは體育を奬勵するに如くはない。

もし國民の體力が充分にあり、氣力が旺盛であり又體育に伴ふ道德の敎育を立派にすれば、一朝事ある時には短時間にして、優勢な軍隊を作る事が出來る。萬一我國が他國と戰はねばならぬ樣な不幸が生ずる時は五十萬や百萬の軍隊では用に立たぬ。今後か丶ることの生じた時には國民擧つて武器を執つて立つ體力と氣力とを養つて置かねばならぬ。即ち此の意味に於て考へても國民全體に精神敎育を行ふと同時に大いに體育を奬勵せねばならぬ。[3]

また、二度目になる欧米視察から帰朝した永井道明は、軍備縮小期における「体育」の役割を、次なる戦争のための兵士づくりとまではいわないものの、各国はこぞって「平和の保證たる國力の充實」「全國民の健康增進」に向けて、「益々其國民體育の振興」に力を入れている。それに比して、日本の体育は俄然「幼稚」なものであるから、「世界各國に優越せるものとする」ために、「急務」として「世界の人々が體育の努力を一度する時に我國民は之れを十たびせねばならぬ。彼等が十度する間に我等は之を百度するの覺悟を以つて老幼男女全國民が體育的大修養を行はねばならぬ」といっている。[4]

更に、「体育」の奨励は体育関係者ばかりでなく、陸軍の側からも強調された。陸軍歩兵大尉・市川洋造は、「國民體育の振興は歐州戰に於ける各國共通の戰利品」[5]ととらえ、次のように述べている。

這回の歐洲戰は科學の戰であつたと同時に、人間の力の試練であつた。戰前科學の進歩は人をして、科學的知識に突進せしめ、爲に精神を忘れ身體を顧みず人をして器械の附屬物たらしめんとした。其結果は國家が長時日に亘り國民の全力を擧げて戰爭に從事する間には、國家因子の弱點を暴露するに到り、吾人をして國民全員の健全ならざる可らざる所以を明確に反省せしめた。

從て戰後は各國を通じて、體育の復興に非常な努力を拂ふに到り、其體育問題は國民教育の重要なる一部分として取扱ふと共に、其意義に於て變化を來した。

從來の體育は主として、身體の養成を大なる着眼とし、殊に偉大なる身體強力なる筋肉の所持者たらしめんとしたが、今や體育は之に加ふるに、完全なる人格の養成と活動のための強力なる意志を鍛練し、以て善良なる國民を造るを體育指導の主義とし、其指導の方法に於て著しく秩序を整頓せんとするに到つた。[6]

そうしたうえで欧米各国における体育指導のあり方は、次のように変容したという。

尚今回の戦役に於て、國民體育指導に關し、大な□《不明》影響を及ぼしたるものは、各國に於て盛大となりし所の青少年の軍事豫備教育である。是等は各國共に戦役間、國軍、補充の必要と、國民志氣の發揚、及國家將來の健全なる次代國民を作るの必要に迫られ、大速度を以て發展したもので、之れ□《不明》教育は國家の當事者と國民の熱誠とに因て各國共完全なる國民指導の一組織となり、戦後に於て依然として保持せらる、のみならず却て平時に於ける重要なる國家組織の一となるに到つた。

是等の教育は次代の國民をして平時にありては、秩序的にして實行の能力ある健全なる國民を造り、國家の發展に至大の好結果を與ふると共に國民體育の向上に資し且つ國民習俗の善導者たらしめ、戦時にありては國民皆兵の實質を備へしむるに到るものといつてよろしい[7]。

それは、「國家としての急務」であり、「爲政者や教育者並に運動機關としての義務」であるという[8]。ワシントン会議は軍事費の大幅な削減にともない、日本の保有できる主力艦をアメリカの六割に制限したことから、日本の海軍は軍拡競争による関係悪化はまぬがれたが、アメリカの帝国主義的な戦略に憤慨し、将来の対アメリカ戦は必至のものと判断されるまでに至っていた[9][10]。

一方、陸軍では、一九二二（大正一一）年八月の「山梨軍縮」、翌年四月の「第二次山梨軍縮」が実施された。その後、一九二三（大正一二）年九月には、関東大震災の影響もあって、政府は更に財政整理の必要に迫られ、一九二五（大正一四）年五月に「宇垣軍縮」をおこなった。この三回に亘る軍縮によって、陸軍は約九万人の将兵を削減した[11]。

とりわけ「宇垣軍縮」は、部隊の廃止によって部署を失った現役将校、約二〇〇〇人を中学校以上の男子学校に配置して、「学校教練」を実施するきっかけとなった。したがって、「『宇垣軍縮』には、第一次世界大戦後の世界の陸軍軍備の趨勢に対応して、陸軍の近代化をはかり、あわせて後の国家総動員体制の基礎をつくろうとした面があった[12]」といわれる。

このような時代背景のなか、大谷武一は、「軍事予備教育」としての体育論を説くことになる。

一九二三（大正一二）年、大谷武一の著した体育論は、軍備縮小の時代だからこそますます「体育」を盛んにおこなう必要があるという、前述の永井道明、嘉納治五郎、市川洋造らの視座と同一線上にあるものだが、大谷武一の特徴は、戦争に役立つための体育の内容やそれにともなう精神性をより具体的に述べていることである。

それは、「大正デモクラシー」期に発展した、―可児徳が主張した「個人のための体育」を、再び「国家のための体育」にゆり戻す役割を担ったものであった。

つまり軍備縮小時代の「体育」というものを、大谷武一は、軍備縮小は已《や》むを得ない国際情勢であるが、それは「國防の充實と云ふこと、は自ら別個の問題[13]」（以下、引用箇所は、大谷武一（一九二三年）による。ルビを一部省略）であり、逆に軍縮の時代だからこそ、軍備の充実につとめなければならない、とみる。しかし、これまでの非生産的な軍備ではなく、より生産的なものに変えるには、さまざまな試行錯誤が必要であり、そこで世界の列強国はどこもこぞって「軍事豫備教育」としての「体育」―「それは健全《ヘルシー》なる競技運動《スポーツ》を全国的に盛んにすることである。即ち學校を體育化し、軍隊を競技化し、社會をスポーツ化すること」に熱心であることを伝える。

なぜなら、「健全なるスポーツによりて國民の身體を強健、敏捷にし、尚彼等の奮闘的精神を旺盛にしておいたならば、その身體と氣魄とを以て、平素職務に從事すれば、その生産的能率の向上は素よりのことであり、一朝有事の際には立派な戰士として戰闘的能率を充分に發揮することも出來る」からである。

また、このような体育思潮は、何も目新しいものではないと断りを立てたうえで、「先次の世界大戰によりて、各國民が之を眞劍に考へ出した丈けである」という。

更に、大谷武一は、「尚スポーツは、吾人の正義の観念を養成する上に非常に役立つものであるから、スポーツによつて國民の正義を愛好する精神を旺盛にしておく必要がある。愛國心を鼓舞することも大切であるが、これは説き方によつて、動もすると排他的の偏狭な愛國心に堕する惧があるが、正義を愛好する精神の方はその心地はない」という。

掻い摘んでいえば、「排他的の偏狭な愛國心」とは、「不正の事柄」が起きても、それを「健全なる與論」をもって「抑止」する心のことであり、「正義を愛好する精神」とは、「我が國の體面を傷けるやうな國があつたならば、國民は一人残らず敢然立て」「抗争する」ことであり、そして、「小弱國を援け」るために「義戰」を厭わぬこと、「斯うなつてこそ初めて國家としても存在の意義のあることになる」という。つまり、植民地政策を積極的に推し進めることは、「小弱国」援助のための「正義」的行為であるとし、それをなさずにいることは、日本のことしか視界にもたない「排他的の偏狭な愛國心」のあらわれであり、即ち自らの利権だけを追求することと同義であり、それでは「今後の世界に於て用はない」のである、という視座であった。

そのような「軍事豫備教育」としての「体育」を先導していく任にあたることができるものは、大谷武一によれば家庭と学校である。学校の場合、それは「教員養成の最高機關たる高等師範學校」である。とりわけ東京高等師範学校は「他の専門學校のやうに知育偏重の教育」になってはならず、「軍事豫備教育」としての「体育」を施設設備の面でも、その指導および教育効果の面からも完全にしたうえで、それを「地方の縣師範學校に及ぼさなければならぬ」重責にあるとした。その他、陸軍・戸山学校や陸海軍将校の養成所である陸軍士官学校、海軍兵学校によって体育設備を充実させる必要があること、更には文部省、内務省が中心になって地方青年団の幹部を招集し、スポーツ振興のための宣伝役となり、指導をなすことが必要であるという。

そして、軍備縮小期の「体育」の精神的効果として、大谷武一（一九二三年）は、以下のように述べている。[14]

昔の戰爭は、體力の戰爭であつた。今日の戰爭は、主に武器の闘ひである。それ故に今日の戰爭には、昔の戰爭ほど、體力が必要でないかも知れないが、しかし今日でも、武器を使用する者は、結局人間であり、最後の勝敗は格闘によりて決せられるほどであるから、體力の必要な點に於ては、昔と今とに變りはない。

即ち、これからの戦争において、いくら科学技術が進展しようと、兵士たちに強靭な身体が必要なことは何ら変わりがないという。だが、「幾ら身體が健康で、丈夫で、力強くあつても、敏速にして、精確な反應をなし得る精神全支配の力が足りなかつたならば、その強力をも充分に發揮し得ないことになる」とし、肝心なのは、身体づくりと精神づくりを同時並行しておこなうことであると述べる。そして、つづく以下のように、その目的を明確に「軍事」と説いている。

「早く、遠くへ歩くこと」「正しき歩き方」とは、「行軍」のためであり、「物を精確に投げる」「遠方にほうる技術」を要する「投擲技」とは、「爆彈」を巧みにあつかうためであり、「柔道、劒道、相撲、争闘等の運動」とは、「格闘の形式と、武器の取り扱ひ方」を習得させるために必要であるという。このように、万事を兵力としての「体育」に関連づける背景には、大谷武一の「將來の戰鬪に於ても、白兵戰は、常に予期されなければならぬ」とする危機感があった。

更に、単に運動技術の向上を求めるだけでは、これからの戦争には役に立たないという理由を次のように述べる。「即ち運動は吾らに、格闘の形式を教へ、攻撃防衛の術を習得させる運動は吾らの、持久力を錬る。今日の戰は昔の戰争のやうに一氣呵成には行かぬ。持久の覺悟がなければならぬ」のである。日清戦争、日露戦争では「わが國民性中の長所である短兵急なる性癖を利用して、幸に捷利を得たが、吾らの短所である持久戰に入つたとしたならば、果してあのやうにうまく行つたであらうか」と。

そして、大谷武一は各運動領域における効用を、以下のように述べていく。

「陸上競技」や「武道」「野球」など、「競技」および「遊戯」というものは、「勇氣」「果斷の氣性」を涵養するが、これは戦時に欠くことのできない精神であり、また、「競技」および「遊戯」によって養われる「奮闘的精神」は「藁人形」のような兵士をつくらないために、即ち個々の内面からその精神を奮闘させること、戦時にあっても「行きづまらないで、工夫豊富である」ことに役立つとした。

重ねて、「體操の際には、一々教師の號令に從つて、動作することを學び、遊技になると規約に從つて、試合することを學ぶ」が、それは「從順、服從の精神」を涵養することであり、「上官の命令に從ひ、軍規を守るといふ」「軍隊生活の基礎をなす」精神を育成することに他ならない。また、戦時に絶対不可欠になる「犠牲献身、共同一致の精神」も「競技」および「遊戯」によって、絶えずその擬似体験を重ね、ひとつの精神性にまで高揚させることが可能であるという。

その他、「競技」および「遊戯」によって得ることができる「機敏」さ、「フエアプレーの精神」も、これからの戦争には必要に迫られるものになるという。「機敏」さについては、「獨斷專行、臨機應變的行動の範圍が益々擴大される」戦争を予期するがゆえであり、「フエアプレーの精神」については、これまでの戦争ならば「どんな卑劣手段をとつてもかまはない、何でも捷ちさへすればよいと云ふような考へ方」であったが、「國際間の道義が相當重んぜられるやうになつて來た今日に於ては、たとへ對手國に對しても、無理な行動は許されない。若し公明でない行動があると、信を列國に失ふことになり、國家の失ふ損失は大になる」から必要とされるという。

このように、大谷武一の体育観は、「戰爭に必要な要素は殆んど、悉く體育が之を與へてゐる」というものであった。そして、それは、「國防充實策として、また軍事豫備教育策として」、学校体育ばかりではなく、社会的に、国家的に範囲を拡大して実行する必要があると説くものであった。

加えて、従来の学校体育の内容に物足りなさを感じるならば、「射擊」を追加することが良いとしている。但し、その表現は語調を変え、「併しそれは、スポーツとして之を奬勵するに止め軍事豫備教育としての色彩をあまり濃厚にしない方がよい」という。なぜなら、「日本が軍事教育を盛んにすると、アメリカもやるであらうし、英國も一層盛んにやるであらう。斯うなると、折角表面上だけでも、世界平和の氣分が出來かけてゐるのに、これを破る原因を吾らが造ることになるからである」と、率直すぎる記述も残している。

斯《か》くして、大谷武一も可児徳同様に「体育」を通して平和を求めたが、可児徳が留学経験から、アメリカを「平和」の国と礼賛し、その民主的、自由主義的な「平和」を求めたのに対し、大谷武一のそれは、軍事バランスや国防上の観点からの「平和」であり、その本質は大きく異なった。

可児徳も、大谷武一も、「遊技」および「競技」の振興を強調したが、その目的となる根本理念の相違は、体育教員の教育法、児童・生徒および学生らに与える教育効果などに大きな差異となってあらわれたことであろう。

なかでも可児徳は、一九一九（大正八）年より一九二〇（大正九）年にかけて、学校体育の遊戯化をもっとも強調したが、一九二二（大正一一）年以降、大谷武一にみられる国防体育論ともいえる「体育」の軍事化が高唱されるほど、それに押されるよう可児徳は、淡々と「体育」の歴史ばかりを伝えることにつと

めるようになっていく。[15][16][17][18]

もちろん、可児徳の他にも、「遊戯」の重要性に注目する論説は、一九二二(大正一一)年以降もつづいている。たとえば、一九二二(大正一一)年六月の『体育と競技』(第一巻第四号)で、東京女子高等師範学校訓導・澁谷義夫は「体育上に於ける遊戯と体操(一)」[19]を述べ、同年九月の『体育と競技』(第一巻第七号)で大泉精三は「身体的訓練としての遊戯(二)」[20]を述べている。しかし、いずれも「遊戯」の歴史を紹介する程度にとどまるもので、「大正前期」の伸びやかさには欠けるものであった。

こうした傾向、即ち「大正自由教育」の終焉は、学校体育に軍人出身の体育教員が増すことで、一気に加速していった。

一九二四(大正一三)年一二月、文政審議会では文部大臣・岡田良平より「学校ニ於ケル教練ヲ振作セムカ為中等程度以上ノ学校ニ現役将校ヲ配属セシメ学校長ノ指揮監督ノ下ニ之カ教授ニ当ラシメムトス」[21]とはじまる「学校教練ノ振作ニ関スル文政審議会諮問案」が出されている。それは、これら各学校の卒業者には在営年限の短縮を特典とする替わりに、学校内で更なる「徳育」および「国防能力」の向上を目指すことを求めるというものであった。[22]

そして、すでに同年、体育教員中に占める軍人出身者数は、表15のように、公立・私立学校全体では、総教員数二、三〇六人に対し、一、一二八人を占める四八・九%であり、私立学校に限った場合においては、総教員数二九三人に対し、一九〇人を占める六四・八%と、すでに半数を上まわっていた。

軍人出身の体育教員を配属させていくとする岡田良平の諮問に対し、教育擁護同盟意見書は、教育的

表 15　公私立中等学校体操科担任教員予・後備役陸海軍軍人出身者人員調査表

（文部大臣官房学校衛生課体育運動掛調査）

	体操科担任教員総数			陸海軍々人出身者数				
	公立	私立	計	公立学校				
				上長官	士官	下士	計	教員総数に対する百分率
師範学校	208	–	208	8(3)	36(5)	12(5)	56(13)	26.7(%)
中学校	1,063	204	1,267	33(1)	335(67)	116(25)	484(93)	45.5(%)
実業学校	742	89	831	14	279(67)	105(23)	398(90)	54.2(%)
合計	2,013	293	2,306	55(4)	650(139)	233(53)	938(196)	46.6(%)

	陸海軍々人出身者数					合計	教員総数に対する百分率
	私立学校						
	上長官	士官	下士	計	教員総数に対する百分率		
師範学校	–	–	–	–	–	56(13)	26.7(%)
中学校	12	92(11)	25(1)	130(13)	63.7(%)	614(105)	48.5(%)
実業学校	2	37(5)	21(5)	60(10)	57.4(%)	458(100)	55.1(%)
合計	14	129(16)	46(6)	190(23)	64.8(%)	1,128(218)	48.9(%)

注1）1924（大正13）年3月1日現在の調査。但し、大阪府は未報告のため含まず。師範学校5校、公立中学校372校、私立中学校79校、公立実業学校458校、私立実業学校49校、計1,115校の調査。

注2）カッコ内は、有資格者数を示す。

注3）表中、士官は准士官を、下兵は兵卒（極少数）を含む。

注4）表中、「上長官」は佐官クラスの総称「士官」は尉官クラスの総称である。

注5）表中、数値に不正確な部分があるが、すべて原史料（文部大臣官房学校衛生課体育運動掛調査）のまま用いた。

出典）安藤（1997, 68頁）による。


良心から反論をおこなった[23]が、文政審議会は岡田良平のそれに大きく反することはない趣旨の「学校教練ノ振作ニ関スル文政審議会ノ答申」を一九二五（大正一四）年一月におこない、翌年四月からこれを実施することとなった[24]。併せて、一九二五（大正一四）年四月には、「陸軍現役将校学校配属令」「陸軍現役将校配属令施行規則」「教練教授要目」が発せられ、「師範学校規定」や「中学校令施行規則」の改正がなされた。

それを受け、文部省は「学校体操教授要目」の改正のために、調査委員会を設けることになる。「今回は永井道明が委員から洩れ、吉田章信、岩原拓、大谷武一、二宮文右衛門、野口源三郎、佐々木等、宮田覚造、森秀、高橋キヨウ、山口鍬三郎（早稲田小学校長）などの委員によって調査が命ぜられ[25]」、翌一九二六（大正一五）年五月に公布された。ここでは必修には至らなかったものの従来の「撃剣及柔術」が「剣道及武道」に改められたように、「体育」による精神の修養という体育観に一段近づいたものになったといえる。

一九二五（大正一四）年九月、岡田良平は、岐阜県の中学校で「教育の現状と将来展望」と題する講演会のなか、これまでの「体育」の状況について、次のように述べている。

兵式敎練を學校に入れたことは、吾々の尊敬する森文部大臣の非常な卓見であつたので、此点は世界に誇つて可いと思ふ。然るに爾來年を經るに從つて、當時の精神が薄らぎ、學生も兵式敎練に重きを置かず、學校も亦重きを置かぬ狀態となつて來た。然るに歐米に於ける狀況は如何かと見ると、各國何れも、歐州大戰以前に增して學生の軍事敎練に重きを置き、特に平和の宣傳者たる米國に於て最盛んであり、經費を厭はず行つて居る。尤米國は大戰以前から行つて居たのであり、大戰參加後間もなく二百萬の大兵を、大西洋を越江て送り出し得たのは、此の如き平素訓練に努めた賜物である。此敎訓に顧みて、米國は戰後一層此方面に力を用ひ、費用は陸軍から支出し、訓練の局に當るのは現役將校である。（中略）

然るに我邦では折角數十年來實行し來つた兵式敎練の精神が薄らぎつゝあるのは遺憾である。そこで陸軍省に相談して、陸軍省の同意を得て、千人以上の現役將校を敎官として學校方面へ迎へることになつた。陸軍省が文部省の要求に應じ得たのは敎育界の幸であつて、陸軍は最有爲な將校を割愛して各學校に配屬することになつたのである。然るに世間往々にして誤解を抱き、陸軍が軍備縮小の爲に不用になつた將校を文部省に買りつけたのだと言ふ。之は全く事實と反對で、陸軍では最も惜しい大切な將校をかくも多數に拔かれて、本家、本元の陸軍を如何するのだといつて心配して居る人がある位である。（中略）

我國力の發展進步は、國民皆兵の主義に負ふ所が多い、我邦が今日世界の三大強國、五大強國の列にある原因は兵力の優秀にある、他の点では尚未歐米諸國に及ばない、國体の然らしむる處、民心一致して此處に完全なる國防精神を發揮し得ること之が今日世界三大強國の一たり得た唯一の原因であると斷言するに憚らない。[26]

このように学校体育、―男子に対して課される「体育」は、「体操」や「遊戯・競技」ではなく、国防政策を担うべく陸軍出身者が中心に実施する「教練」が首位に立つことになっていく。

（参考文献）［1］大谷武一、一九二二「欧米体育界の現状と其の趨勢」『体育と競技』第一巻第一号、体育学会、五頁。［2］山田朗、一九九七『軍備拡張の近代史 日本軍の膨張と崩壊』吉川弘文館。［3］嘉納治五郎、一九二二「軍縮と体育」『体育と競技』第一巻第一号、一七―一八頁。［4］永井道明、一九二二「全国民体育修養の急務」『体育と競技』第一巻第一号、体育学会、一九―二〇頁。［5］市川洋造、一九二二「国民体育の振興は欧州戦に於ける各国共通の戦利品」『体育と競技』第一巻第一号、八頁。［6］は［5］と同じ、九頁。［7］は［5］と同じ、一一頁。［8］は［5］と同じ、一二頁。［9］は［2］と同じ。［10］纐纈厚、二〇〇五『近代日本政軍関係の研究』岩波書店。〔11〕は〔2〕と同じ。〔12〕は〔2〕と同じ。〔13〕大谷武一、一九二三「所謂軍事予備教育」『体育と競技』第2巻第6号、二―六頁。〔14〕大谷武一、一九二三「国防と体育」『体育と競技』第2巻第9号、二―七頁。〔15〕可児徳、一九二二「現代競技運動の起源」『体育と競技』創刊第一巻第一号、体育学会。〔16〕可児徳、一九二二「現代競技運動の起原」『体育と競技』第一巻第2号、体育学会。〔17〕可児徳、一九二二「現代競技運動の起原」『体育と競技』第1巻第3号、体育学会。〔18〕可児徳・高野常政、一九二二『女子体操遊戯』中文館。〔19〕渋谷義夫、一九二二「体育上に於ける遊戯と体操（一）」『体育と競技』第1巻第4号、体育学会、二〇―二五頁。〔20〕大泉精三、一九二二「身体的訓練としての遊戯（二）」『体育と競技』第1巻第7号、体育学会、一一―一四頁。〔21〕竹之下休蔵・岸野雄三、一九五九、『近代日本 学校体育史』東洋館出版社、一三二頁。〔22〕は〔21〕と同じ。〔23〕は〔21〕と同じ。〔24〕は〔21〕と同じ。〔25〕は〔21〕と同じ、一四四頁。〔26〕岡田良平、一九二五「最近の教育問題と将来の希望」『岐阜県教育』第374号、岐阜県教育会、七―八頁。

三　女子の体育教育の可能性

前時代的な封建的家族制にもとづいた女子身体観、―「女徳、女礼、家事、育児をコアとした教育内容」[1]を掲げる教育観が国家的なイデオロギーにまで昇華され、制度的確立をみるのは、一八九九（明治三二）年二月発布の「高等女学校令」であり[2]、それは、昭和一〇年代に至って体系化された[3]。いうまでもなく、ここで実践された体育教育も良妻賢母思想に則り、当時の「女らしさ」を具現化するものであった。

そもそも、日本の学校教育における女子の固有性への着目は、「学制」（一八七二年）制定に関わったダビッド・モルレー（David Murray）による「将来の母親としての女性像」＝「女子天然教員」観にはじまる。それは、江戸時代における男尊女卑的教育観からの一大転換ともいえる教育政策であった。しかし、女子就学率をみれば瞭然のように、教育を受ける側の人びとの社会通念としての男女観は、前時代を色濃く残すものであった[4]。そこで、早くも中等教育以上における男女別学の原則が一八七九（明治一二）年九月の「教育令」で明文化され、更に「中学校教則大綱」（一八八一年）に関連し、翌年三月には各府県宛てに普通学務局から教育課程における男女分化が通牒された。つまり、この時から女子には「裁縫」や「女礼」といった女子特有の内容が課されることになった[5]。

男女分化という観点から、はじめて女子体育論が現出したのは、一八七六（明治九）年の『教育雑誌』（三号）に掲載された「独乙教育書抄女学校」である[6]。ここでは他の教科と異なり「体育」だけは初等教育から男女を分かち、とりわけ一二歳以上の女子には「体格を美しくする」と見做されていた「踏舞」を課すことが奨励された。

また、「女子体育は女子指導者で」というスローガン、――それは、「初等教育および女学校の教育には女子教員を」という言説に同根であり、明治二〇年代には、先のダビッド・モルレーにつづいて、森有礼、辻新次、巌本善治ら、明治三〇年代には、下田次郎、成瀬仁蔵、三輪田真佐子らによって女子教員の必要が唱えられた。そして、とりわけ女子体育に関しては、「女子の身体が健康にならなければ未来の国民が健康にならない」[7]という考えや、「強健な国民を養成するために『女子体育』の改良は『我帝国の大問題』」[8]などといった意見もあった。「男に従属する」[9]存在でしかなかった女子に、あえて教育を付加させることは、「国家富強」や「富国強兵」といった論理においても、女子を国家の構成員に押し上げることになっていったが、明治三〇年代に至って、男女同権としての教育、――そのような体育論が安井てつ子、井口あくりらによって唱えられた。

また、明治三〇年代は、女子中等教育実施の気運が高まっていく時代にあたり、[10]――これらの女子中等教育機関が教員養成を目的のひとつとしていたことからも、女子教育に従事する教員は、女子の比率が大きく上昇していった。たとえば、高等女学校の場合、明治二〇年以降、女子教員の割合は一貫して、その過半数を占めていたが、学校数、生徒数と並行して、女子教員数は、一八八七（明治二〇）年に八九人、一八九七（明治三〇）年に二一六人、一九〇七（明治四〇）年に一、二二五人、一九一六（大正五）年に二、〇七六人、一九二六（大正一五）年に五、四八四人と、増加の一途をたどっていった。

そこで、女子教員が受けもつことの多い教科は、「裁縫」「家事」「国語」「音楽」「体操」「作法」と、―「裁縫」「家事」は女学校のみに課された女子特有の教科であるからいうまでもないが、「国語」「音楽」「体操」についても女学校においては、女子が受けもつに適する学科として認識されていた。だが、明治期以降、長らく「体育（体操）」は他教科との兼務というかたちであつかわれ、「体育」を専門に学んだ女子教員による本格的な取り組み、―女子体育教員養成の体制が整うのは、昭和初期以降のことになる。[11]

（参考文献）［1］深谷昌志、一九六四「良妻賢母イデオロギーの形成過程―高等女学校令を中心として―」『東京教育大学教育学研究集録』第3集、東京教育大学大学院教育学研究科、四八頁。［2］は［1］と同じ。［3］橋本紀子、一九七五「明治期高等女学校に於ける期待される女性像の変遷―修身教科書の分析を中心に―」『東京大学教育学部教育史・教育哲学研究室＜研究室紀要＞』第2号、東京大学教育学部教育史・教育哲学研究室。［4］内田糺・山本昭子・奥野泰子・内田圭子、一九八六「明治期女子教育観の研究」『金沢大学教育学部教科教育研究』第22号、金沢大学教育学部。［5］は［4］と同じ。［6］掛水通子、一九九〇「学校令以前における女子体育関係名辞について」『藤村学園　東京女子体育大学紀要』第25号、東京女子体育大学。［7］掛水通子、一九九一「学校令以後の明治期における女子体育関係名辞について」『藤村学園 東京女子体育大学紀要』第26号、東京女子体育大学、二頁。［8］は［6］と同じ、二頁。［9］深谷昌志、一九九八『良妻賢母主義の教育』黎明書房、二一頁。［10］小山静子、二〇〇四『良妻賢母という規範』勁草書房。［11］掛水通子、一九八九「大正期体育書にみる女子体育の分化について―女子体育の位置付け、名辞、論から―」『藤村学園 東京女子体育大学紀要』第24号、東京女子体育大学、二二頁。

（一）女子の体育教員が足りない

一八九八（明治三一）年五月、第一二回帝国議会において、「國家富強ノ本源ハ國民ノ壯健ナルニ在リ國民ヲシテ壯健ナラシムルハ身體ノ運動ヲ盛ナラシムルヨリ先ナルハナシ是レ方今宇内各國ノ相競ヒテ體育ヲ奬勵スル所以ナリ」[1]とはじまる「体育奨励ニ関スル建議案」が提出された。

この建議案の提出者のひとり、久保田譲はつづけて以下のように述べている。

> 今ヤ我帝國ハ戰後ノ經營ヲ爲スニ當ッテ軍備實業教育抔ノコトニ汲々トシテ世界ノ競爭場裡ニ立ッテ世界各國ト□《不明》馳セントスル時デアリマシテ大ニ此體育ヲ奬勵シテ富強ヲ圖リ國民ノ身體ヲシテ歐米各國ノ人ト均シク……歐米人ヨリモ一層強壯康健ナラシムルコトハ實ニ焦眉ノ急デアラウト存ジマス。[2]

ここでは、「国家富強」のため、ひいては「軍事強国」になるための「体育」の必要が提唱されていくのであるが、その根底には欧米諸国の人びとに対し、日本の人びとが身体的に劣っているという危機感が存在していた。

そして、久保田譲は、男子に対する身体づくりはもちろんのこと、それ以上に、女子の身体づくりこそ憂慮すべきものと受け止めていた。たとえば、その現状を「女生徒ハ下肢厥冷即チ足ガ冷エル、ソレカラ脊髄ガ曲ル、慢性ノ頭痛、神經衰弱、視力ノ減ルト云フヤウナ諸症ヲ患フルコトガ甚ダ少カラヌ、甚ダシキハ生徒ノ婦人病ニ罹ル者ガ多イ、ソレ故ニ教室内ニ於テ頭痛、眩暈、腹痛等ノ症狀ヲ發スル者ガ續々學校デアル」[3]と伝える。

これは、女学校の運営、生徒個人の健康を憂うものではなく、女学校に通う生徒は「國民ノ母タル所ノ中等以上ノ婦人」[4]とし、目指すべき国家像の源に母体あり、という前提による憂慮である。しかし、当時においては、「女子ノ體操ト云フモノハ殆ド皆無」[5]と、その内容や技術の乏しさに加え、更に「教師ガナイ、練習スル所モナイ」[6]という現状であった。

また、明治三〇年代とは、「体操」にならんで「遊戯」が活発になる時期であるから、久保田譲はそのような風潮に対して、これをますます流行させ、広く女子生徒・女学生が好んで「体育」に参加することを求めた[7]。

この建議案が提出された翌年二月、「高等女学校令」が公布され、教育上での女子の囲い込みは一層、加速度を増した。良妻賢母の理念に反することのない教育内容、――「裁縫」や「家事」を前面に出すことによって、それは前述の通り、女子就学率の向上、女子中等教育機関の拡充へと反映されていった。

そのようななかで、女子体育についていては、その実施に際し、いち早く服装の改革が求められていく[8]。それは、当時の生活改善や家事の合理化といった「科学思想」の導入[9]、更に「体操」と「作法」との調和という教育思潮[10]によって、ゆるやかではあるが良妻賢母思想のなかに「体育」を浸透させることになっていった。だが、女子が「家事」や「作法」の範囲を越えて、活発な服装をもって「体育（運動）」に関わるということについては、嫌悪感や不信感を抱かせる、—儒教的家族観に立脚するものの眼には、本来的に女子に具有するとされた諸徳の喪失、イコール非女性的、反女性的なことと映るものでもあった。[11]それゆえ「高等女学校での体育振興を世間にも親にも当の女学生にも納得させる理論的背景は、医学的合理主義に基づく運動の効用と富国強兵に基づく母体の国家管理[12]」を大義名分とすることになっていった。

このように、女子体育が、常に女性性による制限を抱えていたということを如実にあらわす例として、男子に比して大幅な遅れをとっていた「体育」を専門とする女子中等教員免許状取得者の実態があろう。男子にとって、「体育」を専門とする中等教員免許は、「中学校師範学校免許規定」による一八八五（明治一八）年の三三人をはじまりとするが、女子の場合は、一九〇三（明治三六）年に「文検」に合格した一人（あるいは他二人）がはじまりであるとされる。[13]当時の状況をみると、一九〇三（明治三六）年、全国の高等女学校数は、九一校、女子教員数は八七二人であり、[14]そのうち「体育」を専門とする女子教員は一人（あるいは他二人）と、如何に女子体育教員の養成が立ち遅れた状態にあったかを物語るものであった。

（参考文献）［1］内閣官報局、一八九八「体育奨励に関する建議案」『官報』（五月二十四日）内閣官報局、一五頁。［2］は［1］と同じ、一五頁。［3］は［1］と同じ、一六頁。［4］は［1］と同じ、一六頁。［5］は［1］と同じ、一七頁。［6］は［1］と同じ、一七頁。［7］は［1］と同じ、一七頁。［8］上沼八郎、一九七二『近代日本女子体育史』不昧堂出版。［9］小山静子、二〇〇四『良妻賢母という規範』勁草書房。［10］は［8］と同じ。［11］谷口雅子、二〇〇五「ブルマーと近代化—解放と抑圧のはざまで」高橋一郎・萩原美代子・谷口雅子・掛水通子・角田聡美『ブルマーの社会史　女性体育へのまなざし』青弓社。［12］萩原美代子、二〇〇五「ブルマー登場以前―衣服と脚の関係から」高橋一郎・萩原美代子・谷口雅子・掛水通子・角田聡美『ブルマーの社会史 女性体育へのまなざし』青弓社、三二頁。［13］掛水通子、一九八四「明治期における体操科教員免許状取得者について―中等学校教員免許状女子取得者を中心として―」『藤村学園 東京女子体育大学紀要』第19号、東京女子体育大学。［14］文部省、一九〇五『日本帝国文部省第三十一年報』（自明治三十六年 至明治三十七年）文部省。

（二）女子が体育教員になるためには

私立東京女子体操音楽学校

このような時代背景にあって、もっとも早く女子の体育教員を養成することを目的とした学校は、一九〇二（明治三五）年五月に創設された私立東京女子体操音楽学校（創設時は私立東京体操学校で認可。現在の東京女子体育大学。以下、東京女子体操音楽学校と略す）であった。

東京女子体操音楽学校は、その創設から六年間、―同校の教員であった藤村トヨが、創立者・高橋忠次郎からの委任によって一九〇八（明治四一）年三月の校長就任までの間に、三名の設置者の交代、五名の校長の交代があり、更に、創設から一九二二（大正一一）年までの間に資金不足を理由にした一一回に亘る校地移転を経験している[1]ように、そのはじまりは、安定とはほど遠いものであった。

すでに、東京女子体操音楽学校は、一九〇八（明治四一）年二月、東京府より見込みのない経営状態と判断され、廃校命令を受けていたが、それを撤回させたのが、藤村トヨであった。藤村トヨは、その際に、母校・女子高等師範学校時代の師である町田則文、坪井玄道らの力を借りている。[2] そして、同年三月、当時、三二歳の藤村トヨは校長に就任したのだが、一九五五（昭和三〇）年一月、七九歳で亡くなる日まで、その職（一九五〇年に短期大学昇格により学長）にあった。校長就任期間の長さも然ることながら、東京女子体操音楽学校では、藤村トヨを「再興の祖」[3]と称し、同校が学校として実質的な機能を果たしたのは、藤村トヨの校長就任以降であることから、創立者同様のあつかいをしている。

この日本ではじめての女子の体育教員養成校がつくられた頃、可児徳は、東京高等師範学校の助教授であったが、東京女子体操音楽学校のスタート時から一九一三（大正二）年辺りまで兼任教員として関わりをもっている。[4] それは、創立者である高橋忠次郎との「体操教員同士会」を通じた親交によるものであろう。また、一九〇九（明治四二）年の高橋忠次郎の渡米後については、坪井玄道も同校の教員に着任し、可児徳とともに教鞭をとった。

戦前期、女子が体育教員になりたいという場合、全国の五校、──①官立の東京女子高等師範学校国語体操専修科（現在のお茶の水女子大学）、②私立の東京女子体操音楽学校（現在の東京女子体育大学）、③私立の二階堂体操塾（現在の日本女子体育大学）、④私立の日本体育会体操学校女子部（現在の日本体育大学）、⑤私立の中京高等女学校家事体操専攻科（現在の至学館大学）のうち、いずれかを卒業すれば、無試験で免許が得られた。それは一九〇〇（明治三三）年三月以来の「教員免許令」に則ったものであったが、第二次世界大戦後の「教育職員法」（一九四九年公布）によって廃止となった。この五校のうち、後述するが、中京高等女学校家事体操専攻科以外はすべて東京に所在した。また、私立四校のうち、可児徳は私立東京女子体操音楽学校と日本体育会体操学校女子部には、その開設当初から教員として関わり、中京高等女学校においては、その設置段階から関わっている。可児徳と二階堂体操塾との接点は確認できていない。

これら戦前期に女子の体育教員の養成を担っていた各校における開設から「国民学校令」（一九四一年三月）によって「体練科」に改称されるまでの間の卒業生数は、表16の通りであった。

東京女子体操音楽学校への中等教員無試験検定出願は、一九二五（大正一四）年二月に認可され、同年三月の本科卒業生から適用された。[5]

東京女子体操音楽学校は、一九二二（大正一一）年以降、経営の安定期に入ると、校長・藤村トヨの教育観を反映した教育を実践していく。それは、次の二点に集約される。①禅的教育による良妻賢母の育成、②普通体操をもとにした「腰伸ばせ即腹の力」という藤村式健康法の開発である。

①については、東京女子体操音楽学校は、そもそも宗教系の学校ではないが、藤村トヨの個人的体験から曹洞宗の教えを学校教育に取り込んだものである。ちなみに、藤村トヨは東京女子高等師範学校に学んでいるものの病気退学をし、後に「文検」によって体操科の教員免許状を取得している。[6]

②については、藤村トヨは、高橋忠次郎を通じて坪井玄道との知己を得、坪井玄道を祖とする「普通体操」の「正系」を継ぐものであった。そのような体育観（体操観）に立脚し、藤村トヨは、永井道明の奨励した「スウェーデン体操」を「呼吸つめ体操」と呼び、反《かえ》って健康を害するものであると批判した。そして、藤村トヨが自ら編み出したのは、自然力（律動）を利用した「連続体操」にドイツの「徒手体

表16　女子体育教員養成機関各校の開設から1941(昭和16)年までの卒業生数

年(1～12月)	私立東京女子体操音楽学校 本科	私立東京女子体操音楽学校 別科等	日本体育会体操学校女子部 高等科	日本体育会体操学校女子部 普通科	二階堂体操塾 本科	二階堂体操塾 専修科	中京高等女学校 家事体操専攻科	女子高等師範学校
1902(M35)年	15							
1903(M36)年	15							
1904(M37)年	53			29				
1905(M38)年	93		12	8				21
1906(M39)年	102		20	3				
1907(M40)年	63		20	5				24
1908(M41)年	25		15	1				
1909(M42)年	15		21	2				22
1910(M43)年	12		6	2				
1911(M44)年	6		19	5				21
1912(M45・T元)年	14		12 (9)①	0				
1913(T2)年	15		7	2				
1914(T3)年	10		6	3				
1915(T4)年	13		7	3				
1916(T5)年	15		7	1				
1917(T6)年	10		7					
1918(T7)年	10		12	1				家事科第1部 21
1919(T8)年	18		4	1				
1920(T9)年	20		13	1				体操家事科 29
1921(T10)年	24		7					
1922(T11)年	33		6	1	−		−	29
1923(T12)年	77		18	4	48		5	
1924(T13)年	62			5	76		(4)	30
1925(T14)年	53		10	2	165		(7)	
1926(T15・S元)年	40	3	46		183		6	31
1927(S2)年	37		86			116	12	
1928(S3)年	45	1	82	5			7	
1929(S4)年	50	2	65	1	16	38	18, (7)	27
1930(S5)年	36		54	5	14	52	6	
1931(S6)年	40		42		13	38	5	
1932(S7)年	35	8	43	5	16	40	不明	
1933(S8)年	29	10	40	1	13	40	2　②	27
1934(S9)年	16	7	35	5	15	36	不明　③	
1935(S10)年	25	1	42		19	45	4	28
1936(S11)年	26		25		26	23	4　④	
1937(S12)年	27		22	2	25	24	7	
1938(S13)年	32		22		22	18	2	30
1939(S14)年	49		26		21	27	9	
1940(S15)年	27	1	31		21	32	6	
1941(S16)年	39	2	29		51	44	4	37
合計	1361		919	103	1317		97＋α	377

注1）各校の校名は開校・開設時の名称を用いた。

注2）中京高等女学校の卒業生数については、中京女子大学同窓会調べによる。中京女子大学同窓会調べの卒業生については、その名を本論文中の注、第3章(53) に一覧表として記載した。

注3）中京女子大学同窓会調べでは、各年において、確認できていない卒業生がいるが、不明者については明記しないものとする。

注4）中京高等女学校のカッコ内の数値について、1924(大正13) 年、1925(大正14) 年は、中京女子なでしこ同窓会(1985, 12頁)。1929(昭和4) 年は、中京女子大学所蔵の『卒業アルバム』による。
①掛水(1986, 15頁) によれば12人だが、掛水(1981「明治期における…」, 8頁) によれば9人となる。
②「教育年鑑」刊行会編(1983(昭和12年版), 709頁) によると、1933(昭和8) 年10月現在、設置以来の卒業生数は79人であるとする。
③「教育年鑑」刊行会編(1983(昭和10年版), 257頁) によると、1933(昭和8) 年は募集人員30人に対して募人員10人、入学許可数は10人であるとする。そのうち何名が卒業したかは不明。
④「教育年鑑」刊行会編(1983(昭和12年版), 291頁) によると、1935(昭和10) 年は募集人員40人に対して応募人員13人、入学許可数は8人であるとする。そのうち何名が卒業したかは不明。
出典）掛水(1981「明治期における…」, 8頁、1986, 15頁、1987, 2頁)、中京女子大学同窓会資料、中京女子なでしこ同窓会(1985, 12頁)、「教育年鑑」刊行会編(1983(昭和10年版), 1983(昭和12年版)) 等をもとに作成。

操」「器械体操」を改良して組み合わせたものであった[7]。

一九三四（昭和九）年における東京女子体操音楽学校の「学科課程表」は、表17の通りである。

この当時、東京女子体操音楽学校は、学科を体操科および音楽科とし、体操科は、本科（修業年限二年）、専修科（修業年限一年）、高等科（修業年限一年）および別科（修業年限一年）とし、音楽科は、普通科（修業年限二年）、研究科（研究科のみ学科課程表の明記がない）に分けられていた[8]。

東京女子体操音楽学校の「学科課程表」（一九三四年）の特徴は、本科（一年、二年）、音楽科普通科（一年、二年）において一週間の時数は二コマであるが、「柔道」および「弓道」を課していること、体操科専修科では更に「薙刀」を一コマ課していること、高等科では「ドイツ語（体育理論）」一コマを課していることである。

また、この「学科課程表」は、一九三四（昭和九）年九月のものであるから、学校体育における昭和期（第二次世界大戦の終結時まで）の区分、──一九三六（昭和一一）年を境にする区分では、前半期に位置し、この時期における学校体育は、「国体擁護と思想善導[9]」を課題としていた。この後の昭和後半期における学校体育は、加速度的に戦時体制を整え「実際的行動を通して国防力の増強と国民精神の涵養に努め[10]」たものとされる。そして、昭和前半期に増して昭和後半期こそ、学校体育は国を挙げての戦時体制確立の急先鋒として「まさに時代の寵児[11]」となっていくのである。

また、昭和前期は、更に細分化することができ、その境は、一九三一（昭和六）年の満州事変とされる[12]。昭和前期のなかでも前半期、─満州事変以前の学校体育には、いまだ大正デモクラシーの余韻があり、次

表 17　1934（昭和 9）年における東京女子体操音楽学校の学科課程表

本科一年

科目	一學期	一週時數
倫理	國民道徳	一
教育	心理學	一
	教育史	一
生理	解剖	四
	生理	二
物理化學	物理化学	二
體操	體操	一〇
遊戯	行進遊戯	三
	競技	三
水泳	理論實際	一
英語	讀本	三
柔道　弓道	實際	一一

本科二年

科目	一學期	一週時數
倫理	国民道徳	一
教育	教育学	二
生理	生理	三
	學校衛生	一
體操	體操原理	二
	體操教授法	一
	體操	一〇
遊戯	行進遊戯	三
	競技	三
水泳	理論實際	一
英語	讀本	三
マッサージ		二
柔道　弓道	實際	一一

高等科

科目	一學期	一週時數
倫理	倫理學	一
教育	教育行政	一
	體育史	一
	運動心理	一
生理	病理學	二
	體育生理學	二
	看護學　救急療法	一
體操	體操教授法	一
	體操	六
	體育原理	一
水泳	理論實際	一
独逸語	體育理論	一
遊戯	行進遊戯	二
	遊戯創作法	一
	競技	二

體操科専修科

科目	一學期	一週時數
倫理	國民道徳　作法	一一
教育	教育學	二
生理	生理學	二
	解剖學	四
	看護學　救急療法	一
	體育原理	一
國語	讀本　作文	二
體操	體操教授法	一
	體操教練	六
水泳	理論　實際	一
遊戯	行進遊戯	三
競技	競技	三
柔道	實際	一
弓道	實際	一
薙刀	實際	一

體操科別科

科目	一學期	一週時數
倫理	國民道徳	一
	作法	一
教育	心理學　教育史	一一
	教育學　教授法	二一
生理	生理衛生　體育理論	四
體操	體操授業法	一
	體操	八
遊戯	行進遊戯	三
	競技	三
水泳	實際　理論	一
音樂	唱歌　器樂	二一
國語	讀本	一
體格檢査法	理論　實際	一
發育測定法	理論　實際	一
體力疲労測定法	理論　實際	一

音樂科普通科一年

科目	一學期	一週時數
倫理	國民道徳	一
	心理學	一
教育	教育史	一
	音樂通論	一
	唱歌	六
	和声	一
音樂	器樂	三
國語	讀本　作文	二
英語	讀本	三
柔道　弓道	實際	二

普通科二年

科目	一學期	一週時數
倫理	倫理學	一
教育	教育學	二
音樂	音樂教授法	一
	唱歌	六
	和声	二
	器樂	三
國語	讀本　作文	二
英語	讀本	三
柔道　弓道	實際	二

出典）二宮（1934, 540－541頁）による。

のような光景もみられたからである。

　自由主義教育は結果に於て、流行を追う安易な教師によって放任主義となった。（中略）自由教育とは子供を自由にしておけば育つと考えられ、大人がいろいろな案を立てることは、子供の自然性を害するものとみなされ、体育の時間　は、こっちで喧嘩、あっちで悪戯という始末であった。それに教師といえば、ワイシャツ・チョッキで雑誌でも広ろげて読んでいる事実もないではなかった。[13]

　だが、文部省は、主として中等教育機関の男子生徒に見受けられる進学主義による知育偏重、「体育」のスポーツ化に対する批判を受けて、一九二九（昭和四）年一一月に「体育審議会」を設置し、それを規制するための「体育」、―武道教育の導入、ドイツ体育への着目をおこなった。そして、「体育」はこの辺りから「国策」へと昇華していく。それを受け、一九三一（昭和六）年一月の「中学校令施行規則」において、「武道」は、はじめて必修になった。[14]

　また、一九三六（昭和一一）年六月には「第二次改正体操教授要目」が公布、―「第二次改正体操教授要目」においては、人格統治のための「体育」が強調され、女子の中等学校と師範学校では、「弓道」と「薙刀」が課されることになった。

　東京女子体操音楽学校における「学科課程表」（一九三四年）は、このように体育史の時代区分では、昭和前半期の後半部分に位置する年次のものとなる。そして、東京女子体操音楽学校のこの「学科課程表」は、昭和後半期に通じる時代の趨勢を先取りするものであった。

もっとも、藤村トヨは、校長就任時から、原則、全寮制とし、そこで「二四時間全力投球による全人教育[15]」を目指していることから、武道的な教育に力点を置くことは、その就任まもなくのことからであった。つまり、そこでは、生活全般に規則性を求め、精神性を重視する禅的教育が徹底しておこなわれている。それは、藤村トヨがかつて、二〇代の頃、病に倒れ、静養先の徳清寺（香川県綾歌郡）で「死期を待つ[16]」ほどの体験をしたことに無関係ではなかろう。即ち病の克服によって、藤村トヨは、生活改善の延長にある形式や型、精神性を重んじるという武道的な教育観、—それが、武道教育に通じていったといえるのではないか。

また、藤村トヨのドイツ体育への傾倒は、「スウェーデン体操」批判から自らの体操法を生み出す過程にあったといえよう。藤村トヨは、生涯に三度の渡欧をしているが、一度目は一九二八（昭和三）年より一九二九（昭和四）年、二度目は一九三〇（昭和五）年、三度目は一九三六（昭和一一）年である。いずれも私費によるドイツを中心とした視察研究であった[17]。

そして、藤村トヨは、一九三六（昭和一一）年の『女性美』（八巻九号）において「女子教練の振作を望む」と題し、次のように論述している。

女子の体育には今尚依然として体操教師が教練を排除し、又学校当局に於てもそれを敢て不思議とせぬ状態である。五大強国の一つに数えられる日本の現代婦人にして根本的に欠くる点は規律、整頓、勇気、果断、沈着、協同一致、真の従順等の諸徳性であり、加之奢侈、虚栄の個人主義の発達の日に増長する事は、多くの識者の等しく感ずる所であって、従来彼の男女共左傾者を多く出した如き事は、一般に教育の欠陥とは云え、体育方面の訓練を欠いて居るに原因する事も少なくないと考える[18]。

このように藤村トヨは、男子体育については、一九二五（大正一四）年の「陸軍現役将校学校配属令」以来、優れて精神面における向上があったと評価し、女子体育にも同様の措置をおこなう必要があると主張している。それは、藤村トヨが、女子であっても、国家主義的、軍事主義的な精神性を備えた「軍国主義的人間の育成[19]」を目指していたからである。

実際に、この論述の数年前から東京女子体操音楽学校では、生徒に「教練」を課し、ドイツ女性の従軍看護婦や車掌などの活躍ぶりを賞賛して聞かせている[20]。

一方、女子体育における「教練」については、一九一三（大正二）年三月の「高等女学校令施行規則中改正」で「體操、教練及遊戯ヲ授クヘシ[21]」と、はじめて「教練」が加えられているが、具体的な明示はないままに時を経て、一九三四（昭和九）年一二月、「第二次改正体操教授要目」によって男女分化の観点から、女子には「弓道と薙刀[22]」が課されている。

そして、藤村トヨは、時局の進展につれ、『女子体育』について、一九三七（昭和一二）年九月には「女子体育の決意」、同年一〇月には「躍進日本の婦女子の覚悟」、同年一一月には「銃後婦人の自覚」、翌一九三八（昭和一三）年九月には「ヒットラー・ユーゲントを迎えて」、同一一月には「武漢没落と婦人の覚悟」などを著している。[23]

（参考文献）［1］藤村学園八十年史編集委員会編、一九八三『藤村学園八十年のあゆみ』学校法人藤村学園。［2］掛水通子、一九八三、「藤村トヨによる私立東京女子体操音楽学校の再興―高橋忠次郎からの委任書をめぐって―」『藤村学園 東京女子体育大学紀要』第18号、東京女子体育大学。［3］は［1］と同じ、五七頁。［4］掛水通子、一九八一「明治期における女子体育教員養成機関に関する歴史的研究―東京女子体操音楽学校、日本体育会体操学校女子部、女子高等師範学校国語体操専修科の比較研究―」『藤村学園 東京女子体育大学紀要』第16号、東京女子体育大学。［5］掛水通子、一九八六「大正期における女子体育教員に関する研究―女子体操科教員養成機関と中等学校体操科教員免許状女子取得者について―」『藤村学園 東京女子体育大学紀要』第21号、東京女子体育大学。［6］上沼八郎、一九七二『近代日本女子体育史』不昧堂出版。［7］は［1］と同じ。［8］二宮文右衛門、一九三四『体育全史』目黒書店。［9］は［8］と同じ、一五八頁。［10］は［8］と同じ、一九〇頁。［11］は［8］と同じ、一九〇頁。［12］は［8］と同じ。［13］は［8］と同じ、一六一頁。［14］は［8］と同じ。［15］藤村学園創立百周年記念記録等作成実行委員会編、二〇〇二『藤村学園一〇〇年のあゆみ』学校法人藤村学園。［16］は［15］と同じ、二九頁。［17］佐藤たけ・清和洋子、一九八一「東京女子体育専門学校の初代校長⑦藤村トヨ」女性体育史研究会編『近代日本女性体育史―女性体育のパイオニアたち―』日本体育社。［18］は［1］と同じ、一〇一―一〇二頁。［19］友添秀則、二〇〇七「体育・スポーツと人間形成―スポーツと身体教育に関する断章」『現代スポーツ評論』創文企画、七五頁。［20］は［1］と同じ。［21］文部省教育調査部、一九四一『高等女学校関係法令の沿革』文部省教育調査部、一四〇頁。［22］は［6］と同じ、四八頁。［23］は［1］と同じ。

日本体育会体操学校女子部

東京女子体操音楽学校に次いで、一九〇三（明治三六）年一月、日本体育会体操学校（前身は日本体育会体操練習所。現在の日本体育大学）は、日本体育会理事で精華学校校長の寺田勇吉を中心にして女子部を併設している（以下、体操学校女子部と略す）。

『学校法人日本体育会日本体育大学八十年史』（一九七三年）によると、一九〇八（明治四一）年における体操学校女子部の教員数は一四名であり、そのうち可児徳は講師として「体操学科・体操術科」を担当している。[1]

だが、大正末期になるまで日本体育会は、この体操学校女子部にさほど力を入れた様子はなく、[2]一九一八（大正七）年、体操学校女子部開設から一五年間の全卒業生数は、高等科一五一名、普通科五九名、選科一九名、合計二二九名と、[3]それは、同校男子部に比して、小規模なものであった。

そのような状態からの転換を迎えたのは、一九二三（大正一二）年のことである。日本体育会では、当時の「軍事予備教育」としての体育論の台頭を受けて、日本体育会体操学校の自己改革に乗り出した。そして、その取り組みにより一九二三（大正一二）年四月に認可を受けた「体操学校規則」において、男子部と女子部は、はじめて同一規則のなかに示されることになった。

それまで、女子部は、体操学校にとって重視される存在ではなかったため、体操学校に隣接する私立中等教育機関、精華学校の校地を借りて体育をおこなうなど、多分に体操学校と精華学校の折衷校的な体制がとられていた。だが、一九二三（大正一二）年の転換により、旧体制と決別し、―体操学校女子部は、精華学校と別れ、体操学校男子部と制度上の統一を図《はか》ったということになる。ここに至って漸く女子部は高等科（修業年限二年）、普通科（修業年限一年）を設け、各学年における授業内容等が明示された。[4]

体操学校女子部高等科に対する中等教員無試験検定資格もまた、一九二三（大正一二）年四月に認可され、一九二五（大正一四）年三月の同科の卒業生から適用されている。[5] それは、「体操学校規則」の認可と同時に許可されていることから、少数ながらも明治四〇年代以降の体操学校女子部の卒業生による実績、――「文検」（体操科）の試験受験での合格率――、初等・中等教育機関における体育教員としての貢献が認められたものといえるのであろう。

『学校法人日本体育会日本体育大学八十年史』の一九二六（大正一五）年一月における体操学校男子部・女子部の「教員および担当科目一覧」によると、男子部の教員数二八名（校長含む）に対して、女子部は一一名（校長含む）である。この一一名のうち男子部との兼務者が一〇名であり、女子部専従の教員は、「遊戯」担当の宮原義見のみである。[6]

また、この時点で可児徳は、校長・稲垣三郎（陸軍中将）のもと、男子部に属し、「体育原理・体育競技」を担当し、教頭職に就いている。女子部部長は「体育原理」を担当する小野泉太郎、女子部主事は「体操」を担当する津崎亥九生であった。[7]

この一九二六（大正一五）年の「教員および担当科目一覧」から、男子部が主体であるがゆえの女子教員の少なさを知るが、男子部・女子部を合わせ、体操学校は総計二九名の教員を雇用していたことになる（専任・兼任の明記はない）。このうち、名前から女性であると思われる教員は、「音楽・遊戯」担当の富永たか、一名のみである[8]。

一九三四（昭和九）年における体操学校女子部の高等師範科（修業年限三年）、高等科（修業年限二年）、研究科および普通科（修業年限一年）、選科（修業年限定めず、選科については学科課程表の明記はない）の「学科課程表」は、表18の通りである[9]。

表18　1934（昭和9）年における日本体育会体操学校女子部の学科課程表

高等師範科

學科目＼學年	第一學年	毎週授業時數	第二學年	毎週授業時數	第三學年	毎週授業時數
修身	國民道德	二	倫理學史	二	倫理學及作法	二
公民科	公民科	一				
教育學	教育學	二	教育及教授法	二	同上及管理法	二
國語	講讀、國文學書解題、國文法、修辭學、作文、作歌	一〇	講讀、言語學、國文法、國文學史、作文、作歌	一〇	講讀、國文學、國文學史、國文演習 文學概論 作文、作歌	一四
漢文	講讀、漢文法	三	講讀、支那文學史	三	講讀、漢文演習	四
歷史	日本歷史	二	同上	二	東洋歷史	四
體育原理	體育史	一	體育原理	二	同上	一
生理	解剖生理衛生	三	同上及救急療法	三		
體操	體操教練及教授法	七	同上	七	同上	五
遊戯及競技	遊戯及競技	五	同上	五	同上	四
音樂	声樂、器樂、理論	三	同上	三	同上及教授法	四
計		三九		三九		三八

學科目＼學年	高等科 第一學年	毎週授業時數	高等科 第二學年	毎週授業時數	研究科	毎週授業時數	普通科	毎週授業時數
修身	國民道德	一	倫理學史	一	倫理學及作法	一	國民道德	一
公民科	公民科	一					公民科	一
教育學	教育學	一	教育史及教授法	二	同上	二	教育學	二
英語	讀方、譯解	二	同上	二	同上	二	同上	二
國語漢文	講讀、文法、作文	七	同上	七			講讀、作文、作法	七
歷史	日本歷史	一	同上	一			日本歷史	一
體育原理	體育史	一	體育原理	二	同上	一	同上	一
生理	解剖生理衛生	三	同上及救急療法	三	同上	三	解剖生理衛生	三
體操	體操教練及教授法	九	同上	九	同上	九	同上	九
遊戯及競技	遊戯及競技	五	同上	五	同上	五	同上	五
音樂	声樂、器樂、理論	四	同上及教授法	四	同上	四	同上	四
計		三五		三六		二七		三六

出典）二宮（1934, 537－539頁）による。

体操学校女子部の「学科課程表」（一九三四年）による特徴は、女子特有の教科が課されていないということである。それは、前述の一九二六（大正一五）年の「教員および担当科目一覧」に引きつづき、一九二八（昭和三）年頃の同校女子部の教員構成も、一六名（担当教科をもたない部長・稲垣三郎を含む、専任・兼任の明記なし）のうち、女子教員は三名、――「体操・音楽」を担当する富永たか、「体操」（寮監）を担当する楠田寿美子、同じく「体操」（寮監）を担当する角田シズエ[10]と、女子部であっても女子教員が決して多いとはいえない教員構成にも反映しているよう思われる。

また、この「学科課程表」のなか、「国語」に重点が置かれていることは、一九三四（昭和九）年当時の時代背景、――「日本精神発揚の観点から、国語がより重要である[11]」という風潮に合致するものであった。

（参考文献）［1］日本体育会日本体育大学八十年史編纂委員会編、一九七三『学校法人日本体育会日本体育大学八十年史』学校法人日本体育会。［2］は［1］と同じ。［3］は［1］と同じ。［4］は［1］と同じ。［5］は［1］と同じ。［6］は［1］と同じ。［7］は［1］と同じ。［8］は［1］と同じ。［9］二宮文右衛門、一九三四『体育全史』目黒書店。［10］は［1］と同じ。［11］は［1］と同じ、六四五頁。

女子高等師範学校国語体操専修科

体操学校女子部に遅れること、一六日、一九〇三（明治三六）年一月、教員養成を目的とする官立学校、女子高等師範学校（一九〇八年四月、東京女子高等師範学校に改称。現在のお茶の水女子大学）は、「国語体操専修科」を設置した。

これは官立学校として、はじめて開設された女子体育の教員養成校となり、国家レベルでも漸く女子体育教員不足の解消に向けて動き出したといえる。しかし、学科の名称の通り、「体操」と「国語」が抱き合わせになっているのは、「體操一科の女教師では採用の際、不便あるを慮つたからである[1]」と、女子体育教員の養成およびその輩出が国家的要請であったものの、現実には、体操科のみの免許状では教員採用の際に不利になるというジレンマを抱えていたことのあらわれであった。

また、それ以上に、当時の女学生の心理的な側面、──当時、体育の教員は他の教科の教員に比べ序列の低いものであるという意識から、あえて「国語」を抱き合わせたものとも思われる。たとえば、後述する二階堂体操塾の創立者・二階堂トクヨは、女子高等師範学校文科の一九〇四（明治三七）年の卒業生になるが、卒業後に赴任した石川県立高等女学校で「国語の先生は余っているので、国語の傍ら体操を教えてほしい[2]」と、「体操」の担当をさせられるにあたって、こう語っている。「体操科などを教える事は恥辱だ、苟しくも文科専門の卒業生として、あんなつまらない下らない、馬鹿らしい体操なんかを受け持つのは大恥辱なり[3]」。だが、二階堂トクヨは仕方なく「体操」を担当する。そもそも、女子高等師範学校に入学する以前に通った福島師範学校在学中の「体育」の印象は、「ならって見れば、義理にもおもしろいとは云へぬ代物、右向けの左まはれのと怒鳴られて馬鹿々々しい、およそ之れ程下らないものは天下にあるまい[4]」というものであった。ところが、「病身と病心[5]」だった二階堂トクヨは、「体操」を教えはじめて二、三カ月後、「健康と快活とを徐々にとりかえす様に[6]」なり、「一種の宗教的回心[7]」のごとく、「体育」に生涯を賭《か》けることになった。それは、一八九九（明治三二）年の女子高等師範学校本科理科の入学生であり（一九〇一年四月に病気退学、再び同校理科三年選科生として通学するが、同年九月に病気退学）、その後、東京女子体操音楽学校の校長になる藤村トヨが「体育」に傾斜した理由と非常に類似している。

話を戻すが、女子高等師範学校国語体操専修科の開設については、一八九七（明治三〇）年一一月より同校の校長に就任した高嶺秀夫によるところが大きい。[8]

高嶺秀夫は国語体操専修科の開設に先駆け、高等師範学校女子部高等師範科の一八九二（明治二五）年の卒業生になる井口あくりを、文部省留学生として推薦し一八九九（明治三二）年よりアメリカに派遣させ、女子体育法を学ばせている。だが、名目上は教育学専攻生としての留学であった。そして、一九〇三（明治三六）年、井口あくりの帰朝を待って国語体操専修科を開設し、井口あくりは同校教授に採用され「スウェーデン体操」を伝授している。

このように女子体育教員養成の草創期といえる明治三〇年代に、そのパイオニアとして活躍した三名の女性ですら「体育」をストレートに選択したものではなかった。このことからも当時、女子高等師範学校においても体操科一科のみを掲げることが如何に困難だったかがうかがえる。

女子高等師範学校国語体操専修科の修業年限は二年であり、募集は隔年で四回（一九〇三年、一九〇五年、一九〇七年、一九〇九年）実施され、合計八八名の卒業生を輩出し閉止された。[9] 同校の校長・高嶺秀夫は、一九一〇（明治四三）年二月をもって第一一代校長・中川謙二郎に交代している。[10]

その後、女子高等師範学校における体育教員養成は、一九一八（大正七）年二月の「臨時教員養成所規定中改正」まで待たねばならない。この改正によって、同年同月、東京女子高等師範学校内に従来から設置されていた第六臨時教員養成所の家事科に替え、家事裁縫科（修業年限二年）、体操家事科（修業年限二年）の二科を新設し、隔年の募集をおこなった。また、一九二六（大正一五）年には修業年限を二年から三年とし、三年ごとの募集に切り替えている。[11] 修業年限が三年となった体操家事科は、一九三八（昭和一三）年の卒業生を送り出し、翌年に閉止された。[12] この間、同校校長は、湯原元一→茨木清次郎→吉岡郷甫→下村壽一であった。[13]

ここでも「体操家事科」という名称の通り、二科目を対象とするものであり、「体育」が独立して「体育科」という名称で設置される一九三七（昭和一二）年五月までは、卒業と同時に中等教員免許状を取得できた東京女子高等師範学校においても「体育」は一科では運営し難いものであったのだろう。

たとえば、第六臨時教員養成所の体操家事科卒業生の手記をみると、一九二二（大正一一）年の卒業生（大阪出身）は、以下のように、その思い出を語っている。

勉強が好きだったわたしも何となく女高師を志願し、落ちたら目白の女子大へゆくつもりでした。進学することには父は何もいいませんでしたが、ただ女の子だから文科や理科はやめて家事科にいきなさいといわれ、家事科にしました。（中略）

女高師の生活は思っていた程フレッシュではなく、あけても暮れても裁縫ばかり、つまらなくて文科や理科に転科したくて、ずいぶん授業をさぼってしまいました。しかし、何も女高師まで来て裁縫ばかりしているのに疑問を感じていた人がわたしの他にもいて、五人程で、校長先生の所へ直談判に行ったんです。何を直談判に行ったかと申しますと、要するに、わたしたちはもう少し学問をしたいということなんです。この時の湯原校長先生という方がまたさばけた良い先生で、退学になるどころか、それならばということで週六時間だけ、家事科以外の他の講義を受けることを認めて下さったんですよ。[14]

同じく、一九二二（大正一一）年の卒業生（岡山県出身）は、次のように語っている。

県からの推薦で東京女高師に臨時に設けられた体操家事科に入学しました。憧れの東京で、当時、ほんとによく勉強しましたね。まるで図書館の虫であり、各教科の点取り虫だったんですよ。（中略）ですから最も印象深い科目は音楽、それと物理化学が好きでした。[15]

この二名は積極的に体操家事科を選択したものではなく、東京女子高等師範学校への進学そのものに意義を見出していたようである。この二名の手記からは、より高度な学問を欲していたことがうかがえる。また、体操家事科と称しても、「家事」の方に重点が置かれていたのか、「体育（体操）」に関する回想は見当たらない。

一方、体操家事科を進んで選択した例として、一九二二（大正一一）年の卒業生（山形県出身）は、次のように語っている。

小さい時から、山の中で育ったせいかとびはねたり駆けまわったりするのが好きだったようですね。（中略）

そして、私が東京女高師の入学試験を目前にひかえたとき、父が亡くなりました。お葬式をすませて、父のお棺を送り出すや否や、私は母にも兄弟の誰にも告げぬままひとり上りの列車にとびのり、一路東京へと向かったのです。もちろん、東京女子高等師範学校で体操をやりたい一念から。結果はみごと、臨時体操家事科に合格。好きな体操ができて、かつ、女子としては家事科の勉強もできるので良いだろうと思って選んだ学科でした。（中略）

大正十年ころというとちょうど大正デモクラシーの運動が盛んだった頃でしたので、いろいろな演説会が開かれていました。そのような演説会を聞きに行ったのをたまたま先生に見つかってしまうと、校長先生に呼ばれて、「教育者になる身なのですから、教育者としての立場を守りなさい」と叱られたものでした。このように様々の厳しい環境の中でも、私の大好きだった体操の二階堂先生とご一緒に、初めてハイカラな洋服を着て、ウキウキとした気分で軍艦「陸奥」を見に行ったのはとても楽しかった思い出です。[16]

ここでいう「二階堂先生」とは、一九一一（明治四四）年三月より井口あくりの後継者として東京女子

表19　1934（昭和9）年における第六臨時教員養成所体操家事科の学科課程表

學年	學科目	修身	教育	家事	理科	體操	音樂	國語	英語	合計
第一學年	毎週教授時數	二	二	五	六	八	三	二	三	三一
	程度	修養論、作法	心理、論理	纖維及織物、衣類整理法、料理法	物理、化學、生物	體操、教練、遊戲、競技、體育概論	唱歌、樂器練習	講讀、作文	講讀	
第二學年	毎週教授時數	二	二	六	六	八	三	二	三	三二
	程度	國民道德、倫理學	教育學	衣類整理法、料理法、家事經濟、家計簿記	同上	同上	同上	同上	同上	
第三學年	毎週教授時數	二	二	七	五	八	三	二	三	三二
	程度	公民科	教授法、教育法令、學校管理法、教育實習	食物及營養、料理法、住居、養老、育兒、看護、家事概論	生理、衛生、園藝	同上	同上	同上	同上	

出典）東京女子高等師範学校編（1981, 367頁）による。

高等師範学校助教授に就き、一九一二（明治四五）年から約二年半のイギリス留学をはさみ、帰朝後、同校教授兼第六臨時教員養成所の教授として一九二二（大正一一）年三月まで「体操」を担当していた二階堂トクヨのことである。ちなみに、二階堂トクヨが同校を退官する背景には、同校教授・永井道明との体育観の相違があった。

『東京女子高等師範学校六十年史』（一九八一年）には、一九三四（昭和九）年における同校の教職員一覧を上げているが、このうち第六臨時養成所体操家事科の担当が誰であったのかは確認できていない。ここでは教員（講師や嘱託は含まず、校長、名誉教授、教授、教諭、助教授、助教諭含む）六二名のうち、女子教員が二九名と約半数を占めるものであった。[17]

そして、同年の同校第六臨時養成所体操家事科の「学科課程表」は、表19の通りであった。これによると、前述の卒業生の回想とは様相を変え、毎週教授時数は、「家事」より「体操」の方が多くなっている。そして、「家事」にならんで「理科」の時数が多いことが特徴といえる。また、「修身」や「教育」や「国語」が二コマであることに対して、「音楽」が三コマになっていることは、当時、女子体育教員は、「体操」ばかりでなく「遊戯＝ダンス」を教える必要があったためであろう。

（参考文献）［1］東京女子高等師範学校編、一九八一『東京女子高等師範学校六十年史』第一書房、九五頁。［2］二階堂学園編、一九八一『二階堂学園六十年誌』学校法人二階堂学園、三五頁。［3］穴水恒雄、二〇〇一『人として女として―二階堂トクヨの生き方―』不昧堂出版、一四頁。［4］は［2］と同じ、三六頁。［5］は［3］と同じ、一五頁。［6］は［3］と同じ、一五頁。［7］上沼八郎、一九七二『近代日本女子体育史』不昧堂出版、六二頁。［8］は［1］と同じ。［9］は［1］と同じ。［10］新福祐子、二〇〇〇『女子師範学校の全容』家政教育社。［11］二宮文右衛門、一九三四『体育全史』目黒書店。［12］掛水通子、一九八七「昭和期旧制における中等学校体操科（体錬科）教員免許状女子取得者について」『藤村学園 東京女子体育大学紀要』第22号、東京女子体育大学。［13］は［10］と同じ。［14］地域社会研究所編、一九七五『高年齢を生きる―7お茶の水出の50年』国勢社、二一八―二一九頁。［15］は［14］と同じ、三三頁。［16］は［14］と同じ、五四―五六頁。［17］は［1］と同じ。

二階堂体操塾

二階堂体操塾（現在の日本女子体育大学）は、前述の三校に二〇年ほど遅れ、一九二二（大正一一）年四月、二階堂トクヨによって開塾された。[1]

二階堂トクヨは、開塾に先駆けて、一九二一（大正一〇）年五月より、女子体育の必要を社会に訴えるべく、機関紙『わがちから』（月刊予定が、儘ならず不定期に刊行）を自ら執筆し、発刊していた。そこでは、塾に関すること、開塾に向けた寄附の要請、塾の教育目的や内容等が掲載された。この効があってか、定員二二名のところ、約四倍もの生徒が応募をしてきたという。[2]そして、第一期生は四五名を迎えることになった。[3]時代は、まさに女子中等教育への期待の高まりをみせていた。

開塾当初は、「塾長 二階堂トクヨ…体操・遊戯・競技、海軍軍医大尉 林良斉…解剖・体育理論・生理・衛生・体育史・救急法、文学士 二階堂真寿（トクヨの末弟）…国語・和歌、文学士 宮本鉄之助…英語教育、声楽家 豊田夫人…声楽、体操家 少壮陸海軍人五名…体操[4]」が、その実際にあたった。

このように、二階堂体操塾は、海軍および陸軍から現役の軍人を迎えて授業にあたらせていたわけだが、それればかりでなく手狭な運動場を補完するために、二階堂体操塾に隣接していた第一師団管轄の代々木練兵場を使用させてもらっていた。[5]

そして、二階堂体操塾は、一九二六（大正一五）年三月には、早くも「専門学校令」（一九〇三年公布）にもとづく日本女子体育専門学校へと昇格する。[6]時の文部大臣は岡田良平であった。

また、無試験検定認可が日本女子体育専門学校本科と専修科へ下付されるのは、一九二八（昭和三）年六月、翌一九二九（昭和四）年三月以後の卒業生からのことであった。

専門学校に昇格したことによって、―日本女子体育専門学校は、東京高等師範学校や東京女子高等師範学校出身の教員を増やしていく[7]。

だが、二階堂トクヨの教育観は、あくまでも、①一九二五（大正一四）年の言、「立派な子宝をつくり、同時に健全なる国民を得て、其民族其国家は弥やが上にも繁昌を来すべし[8]」という母体としての肉体づくり、②「女子体育は国力の源[9]」とする全体主義的な観点から、更に「全人教育[10]」を説く「教育勅語」に従った徳育教育の重視、③軍事体育の容認、という三点に帰結するものであった。こと③については、開塾以来のものであり、日本女子体育専門学校への昇格後も戸山陸軍学校との交流はつづけられ、それは二階堂トクヨの晩年まで同様であった。

西村による一連の研究[11][12]や、『二階堂学園六十年史』（一九八一年）では、「トクヨは兵式体操（教練）と教育体操とをはっきり区別し、教育体操に兵式体操が入ってくること、つまり学校の体操が兵式体操風になることに極力反対した[13]」とあるが、「兵式体操」は拒否するものだが、現役の軍人が学校で教員であることは認めていたということなのか。腑に落ちないところである。

実際、二階堂トクヨは、二階堂体操塾を開塾する以前に、「『何のことはない女軍の一隊だ』…『まるで軍隊はだし』…などと云ふ様な批評を軍人方からも与えられて大得意に得意がりしものなり[14]」と、やや謙遜を交《まじ》えながらも、軍事的な体育指導を自覚し、更には、「実に国民の盛衰と国家の存亡とはかくて一に女の雙肩にかかれり、されば女子は国民体育を講ずるに当りて、先き立たざるべからざるの戦士なり、（中略）家庭教育を行ふべき戦士は女子にして、之を行はしむべき大元帥は正に男子なりとす、されば乞ふ世の男女、互いに相協力して、豊富なる軍資の下に、大勝利を博すべく、花々しき戦争を試みられんことを！」[15]と高らかに述べてもいるのである。

一九三四（昭和九）年の日本女子体育専門学校の「学科課程表」は、表20の通りであるが、専門学校の矜持からか、「体育」に関することは、理論から実技まで幅広くあつかっている。一方、もともと二階堂トクヨは女子高等師範学校文科の卒業であるが、ここでは「国語」にさほど重点を置かなかったことも特徴のひとつといえよう。

更に、時代は戦時体制下に入り、学校体育も軍事色を露骨にあらわすようになった一九四一（昭和一六）年、二階堂トクヨは自ら、「体操」「遊戯」「修身」に加えて「教練」を担当している。[16]しかし、二階堂トクヨは、その年の七月、六二歳にして死去する。

（参考文献）［1］二階堂学園編、一九八一『二階堂学園六十年誌』学校法人二階堂学園。［2］は［1］と同じ、八五頁。［3］二階堂トクヨ、一九二二「入塾者氏名」『わがちから』4月号、わがちから之社。［4］は［1］と同じ。［5］は［1］と同じ。［6］は［1］と同じ。［7］は［1］と同じ。［8］上沼八郎、一九七二『近代日本女子体育史』不昧堂出版、一五五―一五六頁。［9］穴水恒雄、二〇〇一『人として 女として―二階堂トクヨの生き方―』不昧堂出版、一二七頁。［10］森下千瑞、二〇〇三「教え子たちの回想」臼田千夜子・吉田和子・森下千瑞・石井美晴・村山茂代『現代に生きる「すてきな女性」二階堂トクヨ』不昧堂出版、八二―九四頁。［11］西村絢子、一九七七「二階堂トクヨの体育観」『日本女子体育短期大学 日本女子大学紀要』第7巻、日本女子体育大学。［12］西村絢子、一九七八「二階堂トクヨの師マダム・オスターバーク（Madame Bergman Osterberg）の生涯とその女子体育思想」『日本女子体育短期大学 日本女子体育大学紀要』第8巻、日本女子体

表20　1934（昭和9）年における日本女子体育専門学校の学科課程表

必修科目	第一學年	時間	第二學年	時間	第三學年	時間
修身	國民道德	一	國民道德	一	倫理學	一
教育及體操教授法	心理學・論理學	二	教育學・教育史	二	體操教授法	二
體育理論		二		｜		｜
生理・解剖學		三	生理學	三		
衛生・看護・栄養學	解剖學	三	衛生・看護・栄養學	三	優生學	二
體操		七		六		五
教練		二		｜		｜
遊戲		四		五		六
競技		四		五		五
薙刀術・弓術		二		二		二
英語		二		二		二
國語・文學史		二		二	文學史	二
音樂		四		四		六
女子競技選手指導法		一		一		三
體操・教練・遊戲・競技・武術・音樂	（實習不定時）		（實習不定時）		（實習不定時）	
計		三六		三六		三六
随意科目						
タイプライター		二		二		二
珠算		二		二		二
習字		二		二		二

○専修科

必修科目	第一學年	時間	第二學年	時間
修身	國民道德	一	國民道德	一
教育及體操教授法	心理學・教育學	二	教育史・體操教授法	二
體育理論		二		｜
生理・解剖學			生理學	三
衛生・看護・栄養	解剖學	三	衛生・看護・栄養學	三
體操		九		九
教練		二		一
遊戲		四		四
競技		四		四
薙刀術・弓術		二		
國語		二		
英語		一		
音樂		四		
體操・教練・遊戲・競技・武術・音樂	（實習不定時）		（實習不定時）	
計		三六		三六
随意科目				
タイプライター		二		二
珠算		二		二
習字		二		二

専攻科ノ毎週教授時間數左表ノ如シ

學科目	時間數
修身	一
體操教授法	二
體育理論	二
生理及衛生	四
體操	六
教練	一
遊戲	四
競技	六
薙刀術・弓術	一
音樂	三
計	三〇

出典）二宮（1934, 542―545頁）による。

育大学。[13]は[1]と同じ、六二頁。[14]は[8]と同じ、一六〇頁。[15]は[8]と同じ、一五六頁。
[16]は[1]と同じ。

(三) 女子が体育教員になるための学校をつくる

中京高等女学校家事体操専攻科

「日露戦争に大勝を博して男権のいやが上にも高まった時代[1]」、愛知県第一師範附属小学校訓導であった内木《ないき》玉枝《たまえ》は、「当時の名古屋の女性が衣生活に幼稚であったこと、しかも体格がよくないということに気付きまして、私はこの二点を改善するための指導者を一人でも多く養成したい[2]」という思いから、一九〇五（明治三八）年四月、中京裁縫女学校（現在の至学館大学）を創設した[3]。

即ち内木玉枝の女学校創設は、日露戦争によって不足する男性をみて、男性に頼らずとも生きていける自立した女性を育成したいと、―①名古屋を拠点とする女子教育であること、②衣生活の改善を目的とすること、③体格の改善を目的とすること、④衣生活や体格改善のための指導者を養成すること、という思いをもってスタートした。それは、その後の学園の歴史を既定することにもなっていった。

また、創設時より内木玉枝の作詞であると伝えられている同校の校歌、―「賢き母よ良き妻と　いはれむことを誓ひつつ　身には布子を着るとても　こころにまとへや綾錦　衣縫ふ針の糸の如　ただ一すぢに真心を　貫きとほし行ひに　顕はし見せなむあやにしき[4]」に端的なように、中京裁縫女学校は、良妻賢母主義を基軸にした婦徳育成につとめながらも、「高女に比し簡便に入学し得て実用、家政的技能を中心とした」[5]各種女学校であった。

それは旧習が脈々と横たわることで女子の社会進出を阻み、早婚が多いという名古屋固有の条件[6]もあってか、一九二二（大正一一）年四月に至っても『名古屋新聞』[7]には、当時の名古屋における女学生の傾向として、「裁縫や生花を好《す》く女の夜學生《やがくせい》」「早く家庭の人に成りたい希望の者《もの》が多い」（原文のまま）といった記事が掲載された。更に、日本において洋裁学校は一九三〇年代前半に急激に生徒数を伸ばすことになるが、それまでの和装中心の衣生活環境においては、衣服は基本的に個々の家庭で女性の自家縫製により調達されていたことからも、裁縫教育はもっとも重要な「主婦教育」のひとつであったといえる。

このように、中京裁縫女学校は地域的な特色も背景とし、―とりわけ「裁縫家政系統」の各種女学校が、全国的に、一八九七（明治三〇）年の一二八校から一九〇七（明治四〇）年の三七二校へと急激な伸びを示す[8]時期に開校された。

内木玉枝は、女子美術学校裁縫本科（一九〇四年卒業）を出身とすることから、まずは、裁縫教育による衣生活や体格の改善をのぞんだわけだが、一九三九（昭和一四）年の「中京高等女学校職員表」（表21）の通り、一九二一（大正一〇）年六月より、中京裁縫女学校に併設する中京高等女学校に可児徳を講師として迎えることによって、「裁縫」に加えて、「体育」による体格の改善にも着手していくことになる。

そもそも、可児徳と内木玉枝の運営する中京高等女学校を結ぶものは、後述する国華高等女学校の創設およびその運営を可児徳とともにする内木玉枝の兄・内木保《たもつ》の存在がある。可児徳と内木保の接点に

表 21　1939（昭和 14）年の中京高等女学校職員表

所有免許學科目	担当學科目及每週教授時數	最終卒業學校名等	就職年月	俸給額	專任及兼任別	職名	氏名	生年月日
	修身四	東京女子美術學校	大正十年四月	二五〇		校長兼教員	内木たまへ	明治十一年十二月二日
家事	家事一六	東京女子高等師範學校附属高等女學校專攻科	大正十年四月	一〇〇	專任	教員	安仲シマヲ	明治卅一年三月八日
圖画	圖画一〇	文部省檢定	大正十五年九月	一二〇	專任	教員	中島源九郎	明治十七年三月廿九日
	音樂一八	東京音樂院	昭和二年一月	一一〇	專任	教員	水野覺三	明治廿五年一月廿五日
數學	數學八　理科六	臨時教員養成所	昭和三年四月	一三〇	專任	教員	川合丕一	明治十七年十二月十一日
商業	公民四　數學八	小樽高等商業學校	昭和五年四月	一一〇	專任	教員	湊二郎	明治卅九年三月十二日
修身、國語、漢文	應召中	神宮皇學館	昭和九年四月	七〇	專任	教員	安田正臣	明治四十二年十一月廿七日
	理科一四	東京農業大學	昭和九年四月	七〇	專任	教員	内木正年	明治卅六年九月十六日
	體操一八	中京高等女學校家事体操專攻科	昭和九年六月	七〇	專任	教員	池戸萬代子	大正四年六月廿三日
英語	英語一八	早稲田大學英文科	昭和十年四月	八〇	專任	教員	水野藤徳	明治四十二年八月十四日
日本史、東洋史、西洋史、英語	歴史一六	九州帝國大學選科	昭和十二年四月	八五	專任	教員	室武雄	明治四十一年八月十四日
裁縫	作法八　裁縫一〇	中京裁縫女學校高等師範科	昭和十二年四月	六〇	專任	教員	霞堂文子	大正五年八月廿五日
裁縫	裁縫一四	中京裁縫女學校高等師範科	昭和十二年六月	六〇	專任	教員	三品朝子	大正五年五月卅一日
國語	作法六　國語一二	日本女子高等學院	昭和十三年九月	六五	專任	教員	酒井たづ	大正三年十月十三日
	地理一六	石川縣師範學校	昭和十三年九月	七〇	專任	教員	岡田清信	明治廿六年十一月九日
國語、漢文	國語一八	慶應義塾大學	昭和十三年十一月	九〇	專任	教員	加藤守雄	大正二年十二月二日
習字	習字一二	文部省檢定	昭和十四年四月	八〇	專任	教員	市川斧二	明治十九年三月廿日
家事、体操	體操二〇	臨時教員養成所	昭和十四年四月	九〇	專任	教員	水野きん	明治卅六年七月十六日
國語	國語一八	日本女子高等學院	昭和十四年四月	六五	專任	教員	菅井マサ子	大正七年八月一日
裁縫	家事二　裁縫一二	中京裁縫女學校高等師範科	昭和十四年四月	五五	專任	教員	吉野君江	大正八年八月廿五日
裁縫	家事二　裁縫一二	中京裁縫女學校高等師範科	昭和十四年四月	五五	專任	教員	水谷和子	大正九年三月十六日
法制經濟（見込）	數學一二	明治大學独法學部	昭和十四年九月	九〇	專任		下山晴義	明治卅九年二月一日
歴史　英語	英語一八	國學院大學國史學科	昭和十四年十月	八〇	專任		羯磨正信	大正二年八月十二日
裁縫	裁縫一六	中京裁縫女學校高等師範科	昭和十一年四月	七五	專任		内木さ枝子	明治四十四年三月廿二日
裁縫	家事四　國語一二	中京裁縫女學校高等師範科	昭和十三年四月	六〇	專任		山中まつ	大正七年六月十七日
體操	體操三　家事四　音樂	中京裁縫女學校高等師範科	昭和十四年四月	六〇	專任		竹箪ひさ子	大正八年五月十七日
體操	體操五	日本体育會体操練習所	大正十年六月	六〇	兼任	講師	可児徳	明治七年十一月七日
體操	體操五	日本体育會体操學校	大正十五年十月	六〇	兼任	講師	津崎亥九生	明治八年九月十八日
體操	體操五	東京高等師範學校体操專攻科	昭和八年一月	二〇	兼任	講師	加藤英吉	明治廿四年五月廿一日
	理科六	愛知縣立医學專門學校	昭和七年九月	五〇	兼任	講師	大田什安	明治廿九年十月十日
化學	理科四	東京帝國大學	昭和九年二月	二五	兼任	講師	芝崎陸奥夫	明治卅二年五月四日
物理	理科八	東京高等師範學校	昭和十四年十月	一五	兼任	講師	磯部貞治	明治廿一日五月一日
教育、博物、農業	教育四	京都帝國大學	大正十年四月		兼任	講師	安藤秋三郎	明治九年十二月廿八日
心理、倫理、教育、英語	修身一〇	東京帝國大學	昭和三年十一月		兼任	講師	安田清次郎	明治卅四年十一月三日

ついて、そのはじまりがいつであるかの確認はできていないが、斐太尋常中学校の卒業生を記した表2をみると、可児徳より一学年後輩に「内木貫一」（一八七五年七月二八日生まれ）とあり、この内木貫一とは、内木保や内木玉枝の従兄弟《いとこ》にあたる。つまり、内木貫一が可児徳と内木保との仲立ちをした可能性も考えられる。

また、内木貫一の父は、岐阜県恵那郡加子母村の初代村長として長期間、その職に就き、教育事業に尽力した内木又六である。[9] そして内木又六は、一八九七（明治三〇）年八月より一九〇二（明治三五）年一二月までの間は内木保の父、内木彦七郎を助役につけ、一九〇八（明治四一）年一月より翌年六月までの間は内木保を助役につけている。[10][11] このことから、内木家の本家筋になる内木彦七郎（長男・保）の家と分家筋にあたる内木又六（長男・貫一）の家とは、かなり密接な関係にあったものと思われる。

しかし、内木保と内木貫一の関係は、内木又六を通すまでもなく、内木貫一が斐太尋常中学校進学以前の加子母村において、すでに交流があったとしても何等《なんら》おかしくはない。その後、内木保は、一九一一（明治四四）年から一九一九（大正八）年まで岐阜県県議会議員をつとめている。[12]

また、内木保は、妹・内木玉枝の創設した中京裁縫女学校の運営に対し、校地の移転や拡大、それにともなう認可申請の際など、たびたび人的ネットワークを使った支援、更に経済的な支援をもおこなっている。[13]

「高等女学校令」にもとづく中京高等女学校は、中京裁縫女学校に併置されるかたちで、名古屋市南新町（現在の中区栄四丁目）において、一九二一（大正一〇）年四月に開校している。まずは、本科（修業年限四年、昭和期には五年）を置き、翌年五月に家事体操専攻科（修業年限二年）が設置されている。

従来の裁縫一色の学校に体育色が加えられていくことになったわけだが、それは、同校にとってはじめて「体育」を専門とする教員、可児徳を、――現存する「職員表」（表21）によると、一九二一（大正一〇）年に迎えることでスタートする。可児徳が赴任する以前に、中京裁縫女学校、中京高等女学校、いずれにおいても「体育」を専門とする教員は確認されていない。

その後、家事体操専攻科には、可児徳を呼び水として、一九二六（大正一五）年一〇月より、津崎亥九生を「体操」の講師として迎え、更に一九三三（昭和八）年一月より可児徳の東京高等師範学校時代の教え子である加藤英吉を「体操」の講師として迎えているように（表21）、同科は、可児徳を出発点としてゆるやかにではあるが、その体制を整えていった。なお、表24の一九二五（大正一四）年の「中京高等女学校職員表」のなか、体操科を受けもつ教員に加藤英吉の氏名が記されていることから、加藤英吉は大正期から中京高等女学校と関わりがあったとも思われる。

一九三六（昭和一一）年の「中京高等女学校学則（専攻科）」（附録3）によると、家事体操専攻科の修業年限は、家事裁縫専攻科の三年より一年短く二年であった。一方、定員数は、家事裁縫専攻科の六〇名に対し、家事体操専攻科は二〇名多い八〇名と記されている。もっとも、表16の通り、家事体操専攻科の卒業生数は、毎年一〇名前後であったと思われ、大きく定員割れをつづけていたといえる。しかし、表16の③、④に記したように、一九三三（昭和八）年には三〇名の募集、一九三五（昭和一〇）年には四〇名の募集をおこなっており、このようにわずかの期間における大幅な数値の動きについて、如何なる事情があったかは確認できていない。

同「学則」によると、家事体操専攻科の学科目は、「修身」「教育」「家事」「体操」「国語」「理科」「音楽」であった。このなかで家事裁縫専攻科に課されていない科目は、「音楽」である。前述した四校の学科目にも共通するが、「体育（体操）」と「音楽」とは、切り離せない関係にあったものと思われる。

更に、家事体操専攻科の入学資格要件は、同「学則」中、「修業年限四箇年以上ノ高等女學校本科卒業者」とあるように、入学生徒の年齢はもっとも若くて一六歳となり、順調に卒業を迎えられれば一八歳になる。

『名古屋教育総覧』（一九二五年）には、「本校ハ専攻科ヲ併置シ女子ニ普通専門ノ學ヲ修メシメ卒業者ノ多クハ女學校ニ奉職シテ体育指導ノ任ヲ尽シツヽアリ[13]」とあるように、家事体操専攻科は、「家事」と「体操」を掲げながらも、実際には、「家事」は度外視され、卒業生の年齢を考慮しても、「体操」の教員養成を主目的として設置されたといえる。

それは、一九三四（昭和九）年における「中京高等女学校家事体操専攻科学科課程表」（表22）、一九三六（昭和一一）年の「中京高等女学校学則（専攻科）」（附録3）における同科の学科課程表、一九三三（昭和八）年における「私立体育教員養成機関の一覧表」（表23）からもうかがえることである。

また、一九三六（昭和一一）年の「中京高等女学校学則」内（附録3）において、家事体操専攻科に限っては、入学生に身体検査書の提出を求めており、入学時の審査をより厳しいものとしている。

更に、同学則に記された授業料をみると、家事裁縫専攻科は、第一学期二二円、第二学期二二円、第

表22　1934（昭和9）年における
中京高等女学校家事体操専攻科学科課程表

學科目	毎週時數	第一學年	毎週時數	第二學年
修身	二	實践倫理、作法	二	同上
教育	二	教育ノ原理	二	教授法、教育法令、心理學
家事	六	衣食住、實習、家庭管理、看護	六	育兒、經濟、家計簿記、實習
體操	一〇	體操、教練、遊戯、理論	一〇	體操、教練、理論、教授法
國語	二	講讀、作文	二	同上
理科	四	生理、衛生	六	同上、物理、化學、實驗
音樂	二	唱歌、樂器用法	二	同上
合計	二八		三〇	

出典）二宮（1934, 546頁）による。

三学期一六円五〇銭（年間、合計六〇円五〇銭）であったが、家事体操専攻科は、第一学期二六円、第二学期二六円、第三学期一六円五〇銭（年間、合計六八円五〇銭）であり、家事体操専攻科の方が高額であった。

一九二二（大正一一）年一二月、可児徳は、『読売新聞』において、「運動をせぬから日本婦人の體格が悪い」[14]と述べている。そればかりか、「姿勢も悪く體力も弱い、そして總ての運動、動作が著しく輕快を缺いてゐる」[15]。その改善に、可児徳は「スケートとかスキーとか乃至はテニス、バレーボール、バスケットボールなどと云ふ活發な運動」[16]を推奨する。しかし、女子がこのような活発な運動をおこなうのは、学校に過ごす期間のことだけであり、「卒業すると直に所謂奥様風に腰を曲げて前に屈む姿勢を真似て得々とする風があるから折角學校が骨を折つても効果がないことになる」[17]という。卒業後に女子が運動をおこなわなくなる理由として、可児徳は第一に「學校が社會や家庭で直に出來難い様な運動を教へる傾きがある爲」[18]であり、第二には女性の衣服や履物をはじめ、家庭生活のあり方に起因するものという。

つづけて、翌日の『読売新聞』では、学校を卒業しても女性が運動を持続させられるよう、冬でも利

表23　1933（昭和8）年における私立体育教員養成機関の一覧表

名稱	創立年月	卒業生數	體操科免許状受領者	教職に在る者	生徒數	教員數	資産
大日本武德會 武道專門學校	明治四十五年一月二十三日	三九六	二七七	二七三	八四	四一	動 三七四、六五五、四八〇 不動 一八四、三〇一、〇九〇
國士館專門學校	昭和四年三月十一日	五七	五六	三四	三五四	三七	動 二二四、二六九、四一〇 不動 五九二、五八四、八〇〇
日本女子體育專門學校	大正十五年三月二十四日	專 三九三 塾 五一七	二七一	三一一	一四九	二七	動 七、一五二、二一〇 不動 三四、三七八、二八〇
日本體育會體操學校 男子部	明治二十六年三月三日	三、七八八	二、八二五	一、八三七	四八九	三九	不詳
日本體育會體操學校 女子部	明治三十六年四月	七七四	三八五	九七	八四	一九	動 一、七五七、九二〇 不動 一七、六六三、三九〇
東京女子體操音樂學校	明治三十五年五月十日	一、〇七五	七八	三七二	四七	二八	動 一〇、六〇〇、〇〇〇 不動 五二、〇〇〇、〇〇〇
中京高等女學校 家事體操專攻科	大正十一年三月十九日	七九	五〇	六六	一六	一六	動 一〇、一一〇、七〇〇 不動 二五、一九二、八七〇

出典）「教育年鑑」刊行会編(1983(昭和12年版)，709頁)による。

用できる温水プール、一年中利用できる競技場などの公共施設の充実が必要であると説き、更に学校は毎日時間を限って運動場を地域の人びとに開放させてはどうかと投げかける。そして、何よりも「興味を以てする事の出來る運動が一番よい[19]」とし、前日の記事と同様に、推奨するのは、スケート、スキー、テニス、バレーボールであり、それに加えてランニング、水泳、「自彊術とか静座法、深呼吸なども適當で、運動する事の出來難い人の爲にはこれだけでもよいに違ひない、要するに自分に適したものを選ぶのが一番よい[20]」という。

このように、可児徳は、①女子の体格、姿勢、体力の改善には、活発な運動が必要であり、②活発な運動は、学校という空間があればこそだが、卒業後も無理なく、できる範囲で運動をつづけることが肝要であるとした。しかし、女子は学校を卒業することによって、学校で得た運動、―体育を霧散させてしまうという。それは、女性自身の意識のあり方や慣習と運動を取り巻く社会的な環境整備の遅れが課題であるという。

一方、一九二五（大正一四）年四月の「中京高等女学校職員表」（表24）をみると、可児徳は「体操」を週に一〇コマ担当し、校長である内木玉枝と同額の給与一五〇円（月額）を受け取っている。この時、同校の教員二六名（校長含む。校医は含まず）の平均給与は、七七円（校長含む）であり、授業時数を勘案しても可児徳と内木玉枝はもっとも高給ということになろう。また、教員二六名の男女の別は、男子が二一名、女子が五名、教員資格の有無は「有」が一七名、「無」が九名、専任・兼任の別は、専任が一五名、兼任が一一名であった。

中京高等女学校家事体操専攻科は、一九二八（昭和三）年三月に中等教員免許状（体操科）の無試験検定認可を受け、同年同月の卒業生から適用されている。[21] この背景について、内木玉枝は以下のように述べている。

大正三年には裁縫女学校に高等師範科（後に専攻科一部に改称）を設け、大正十年には中京高等女学校を併設し、翌十一年には家事体操専攻科（通称中京体専）を増科いたしました。

私は高等師範科に対して（旧制）中等教員無試験検定の資格を得ることを思い立ち、このことに六年間苦心惨澹いたしました。[22]

表24　1925（大正14）年4月の中京高等女学校職員表

中京高等女學校職員調（大正十四年四月現在）

受持學科	教授時數	資格	専務兼務	俸給	氏名
修身科 作法	八 四	無	専	一五〇	内木玉枝
習字科	一〇	有	兼	五〇	天野景福
圖画科	五	無	兼	~~五五~~	土井元生
國語科	一二	有	兼	無	反町銈之助
修身科 教育科	二	有	兼	無	安藤秋三郎
數學科 理科	一二 八	有	専	一四五	加藤劔三郎
修身科 法政經濟科	六 四	有	専	九〇	加藤寅三
家事科	一八	有	専	九五	安仲志まを
體操科	一〇	有	専	二〇	加藤英吉
體操科	一七	有	専	一二〇	寺岡英吉
體操科	一〇	有	兼	一五〇	可兒徳
理科	二	無	専	七五	天野豊次郎
音樂科	一二	無	専	一一〇	岡本重吉
修身科	二	有	兼	六〇	木村石文
理科	四	有	兼	三五	立石新吉
裁縫科	二四	無	専	七〇	稲垣ツナ
圖画科	五	有	専	五〇	増野立三郎
教育法令	六	有	兼	四五	國府慎一郎
生理科 衛生科	三	有	兼	四〇	中島角治郎
國語科	一二	有	専	一一〇	大口謙一郎
家事科 裁縫科	二〇	有	専	九〇	山口静
理科	八	有	専	一四〇	沖本數一
―	六 一三	無	専	七〇	織田ハツエ
地理科 歴史科	一二	無	兼	三〇	伊藤甫
裁縫科	一八	無	兼	九五	宮崎い惠
英語科	二四	無	専	一一〇	山口有信
		校醫手当		一〇	加藤信貞

これは、九〇歳を越えていた内木玉枝が、一九七一（昭和四六）年頃に「九〇年の思い出」として語ったものを当時の職員によりテープおこしをされたものであるが[23]、この四〇頁ほどの冊子のなかに家事体操専攻科のことが語られるのは、前述の一箇所のみである。

また、次のようにつづく内木玉枝の思い出からは、中京裁縫女学校の高等師範科（修業年限三年）にこそ中等教員免許状の無試験検定認可（裁縫科）の取得に向けて本格的な取り組みをしていたことがうかがわれる。

高等師範科卒業を目指す第一学年に宣言して、実力の向上を徹底的かつ計画的に進めることにいたしました。学生とともに難行苦行がつづきました。私は当時校長職のほかに週二十五・六時間の授業をうけもち、さらにそのほかに受験（注・中等教員無試験検定のための国家試験）のための補習指導を毎日三時間ほどおこなった時期もありました。夜は寄宿舎にいる学生の質問をうけたり翌日教えなければならない細目の下しらべをしたりいたしまして、全くやすむ暇がなく、机のそばへ毛布をもっていき、それにくるまってうとうととして夜が明けるというようなことが幾晩もありました。[24]

結果、中京裁縫女学校高等師範科に対しても一九二八（昭和三）年三月より中等教員免許状（裁縫科）の無試験検定資格が与えられ、同年同月の卒業生から適用されている。[25]

このように、内木玉枝は、もっぱら「裁縫」、―なかでも「和裁」「刺繍」、そして「礼儀作法」に力点を置いていたと卒業生の手記からも知ることができるのだが[26]、「体育」に関する教育理念やそれを示すような史料は見当たらない。また、内木玉枝は生涯、和装で通した女性であり、可児徳のいう服装や履物の改良ということに積極的に理解を示すものではなかった[27]。ただ、礼儀作法をはじめとする姿勢や立ち振舞いについては厳しくあたっていた内木玉枝であるから、その点に関しては可児徳の唱える体格や姿勢の改善と通じるものがあったとも思える。

いずれにしても、「体育」に関しては、内木玉枝の専門外のことであった。

一九三四（昭和九）年における「中京高等女学校家事体操専攻科学科課程表」（表22）の特徴は、「家事」の毎週授業時数が多くないこと、そして、「理科」に重点を置いているということである。これは前述の東京女子高等師範学校の一九三四（昭和九）年における「第六臨時教員養成所体操家事科の学科課程表」（表19）に、非常に類似するものである。もちろん、第六臨時教員養成所は修業年限が三年であり、中京高等女学校家事体操専攻科は修業年限二年という違いがあり、第六臨時教員養成所では「英語」を課し、中京高等女学校家事体操専攻科では「英語」を課していないが、その他の教科については、毎週授業時数の多少の違いがみられるくらいで、酷似している。

更に、一九三三（昭和八）年における「私立体育教員養成機関の一覧表」（表23）によると（大日本武徳会武道専門学校、国士館専門学校、日本体育会体操学校男子部はいずれも男子校）、中京高等女学校は、他校に比べ、小規模ゆえに開設以来の卒業生数は七九名にとどまるが、体操科の中等教員免許状取得者は五〇名、体育教員として従事するものが六六名と、免許状の取得率、体育教員としての就業率が非常に高い。

更に、専門学校の認可を受けていない女子校として、体操学校女子部、東京女子体操音楽学校と、その数値を比べると、体操学校女子部は、卒業生七七四名に対し、教員免許状受領者が三八五名、教職に就くものは九七名にとどまる。東京女子体操音楽学校は卒業生数一、〇七五名に対し、免許状受領者がわずか七八名、教職に就くものは三七二名となるが、割合としては中京高等女学校に遠くおよばない。

この史料のみで判断をすることは、早計とも思えるが、中京高等女学校家事体操専攻科については、唯一の地方校ということもあり、入学時より体操科の中等教員免許状取得を目指した生徒が多かったのではないかと思われる。

中京高等女学校が、従来の裁縫色を越えて体育色で社会的に認知されるようになっていくのは、一九三三（昭和八）年より一九四〇（昭和一五）年にかけてのことであったが、この時期から、同科では陸上競技の各種大会において著《いちじる》しい成績を修めた卒業生を教員として迎えるようになっていく。一九三六（昭和一一）年に開催されたベルリンオリンピックに陸上競技・槍投で出場した山本定子と、同じく円盤投で出場した児島文も卒業生であり、同校の教員をつとめた。

ちなみに、可児徳は、「足が早いことはこの上なし」[28]といわれ、一九一八（大正七）年より日本体育会体操学校で「陸上競技」の講師をつとめており、中京高等女学校でも陸上競技の指導をしていた可能性がある。但し、中京高等女学校で一九三三（昭和八）年以降に陸上選手らと身近に過ごし、日々の指導にあたっていたのは、内木玉枝の甥《おい》であり、内木保の子息・内木正年であった。[29]

そして、現存する職員表のなか、可児徳の名前が記載されるのは、一九四〇（昭和一五）年までであり、それ以降のものは見当たっていない。

（参考文献）［1］内木玉枝、発行年不明『九十年の思い出』未発刊、二二頁。［2］は［1］と同じ、二一頁。［3］平野俊、二〇〇五「世代を結ぶ肩車」学校法人中京女子大学創立百周年記念事業委員会編『学校法人中京女子大学一〇〇年史』学校法人中京女子大学。［4］中京女子大学編、一九九五『中京女子大学創立九十周年記念誌』学校法人中京女子大学、四頁。［5］杉本嘉八、一九八七「東海地方における女子中等教育の展開について（2）―高等女学校創設期―」『名古屋女子大学紀要』33、名古屋女子大学、一四二頁。［6］は［5］と同じ。［7］名古屋新聞社、一九二二『名古屋新聞』四月二八日付。［8］池田雅則、二〇〇六「明治後期における女子教育の一断面―私立裁縫女学校の地域内展開と歴史的位置―」『東京大学大学院教育学研究科 教育学研究室研究室紀要』第32号、東京大学大学院。［9］は［3］と同じ。［10］岐阜県恵那郡教育会編、一九二六『恵那郡史』全、恵那郡教育会。［11］岐阜県議会史編纂委員会編、一九八一『岐阜県議会史』第2巻、岐阜県議会史編纂委員会。［12］は［3］と同じ。［13］名古屋教育総覧編、一九二五『名古屋教育総覧』名古屋毎日新聞社、一九頁。［14］可児徳、一九二二「運動をせぬから日本婦人の体格が悪い」読売新聞社『読売新聞』一二月四日付。［15］は［14］と同じ。［16］は［14］と同じ。［17］は［14］と同じ。［18］は［14］と同じ。［19］可児徳、一九二二「運動をせぬから日本婦人の体格が悪い（続）」読売新聞社『読売新聞』一二月五日付。［20］は［19］と同じ。［21］文部省、一九二八『文部時報』第270号、文部省。［22］は［1］と同じ。［23］は［3］と同じ。［24］は［3］と同じ、二九頁。［25］は［21］と同じ。［26］は［3］と同じ。［27］は［3］と同じ。［28］教育週報社、一九四〇『教育週報』三月三〇日付。［29］内木さ枝子、一九七六『加子母は美し』

内木正年遺稿・追悼集刊行会、未発刊。

国華高等女学校

一九二三（大正一二）年三月二〇日、可児徳は、内木保と岐阜県加茂郡西白川村出身の医師・加藤浩、同じく岐阜県恵那郡大井町出身の衆議院議員・古屋慶隆と連名で文部大臣・鎌田栄吉に宛て「女子ノ高等普通教育ノ普及ト目下ノ入学困難ノ救済トニ」資するために高等女学校の設置認可申請書を提出している。

これまで国華高等女学校については、関東大震災後の復興期に、──「自分の主張をさらに具体的に生かすために、自分の学校を創設したい」[1]という思いをもっていた可児徳に対し、内木保が経済的支援をもちかけ、動き出したといわれていた。[2]だが、前述の通り、東京都公文書館所蔵による一九二三（大正一二）年三月「高等女学校設置ノ件」を確認する限り、関東大震災の起きる約半年前に申請書を提出し、その一一日後、──一九二三年（大正一二）年三月三一日に認可されている。

また、「高等女学校設置ノ件」によると、校名は「国華高等女学校」とし、位置は「東京都豊島郡三河島町字三河島一六八八番地、三〇一六番地、三〇一七番地」である。現在の東京都荒川区になるが、当時、国華高等女学校は荒川区にとってはじめての修業年限四年の女学校の創設であった。[3]

一九二三（大正一二）年における「国華高等女学校学則」（附録4）は、以下の通りであった。

第一條　本校ハ高等女學校令ニ基キ女子ニ須要ナル高等普通教育ヲ施シ婦徳ヲ涵養シ身體健康ニシ

テ實際生活ニ適應スベキ女子ヲ養成スルヲ以テ目的トス
第二條　本校ハ國華高等女學校ト稱ス
第三條　本校ノ修業年限ハ四ヶ年トス
第四條　本校ノ生徒定員ハ五百人トス
第五條　本校ノ學科目ハ修身、國語、英語、歴史、地理、數學、理科、圖書、家事、裁縫、音樂、
　　　　體操、法制及經濟、手藝トス

このように、国華高等女学校の目的は、①「婦徳を涵養」すること、②「身体健康」であること、③「実際生活に適応すべき女子を養成」すること、という三点であったが、②の「身体健康」については、女子の普通教育をおこなう機関としては特徴的であった。

入学資格要件は、尋常小学校卒業者であること、修業年限は四年間、全校生徒の定員数は五〇〇名であった。

そして、「学科課程表」（一九二三年）は、表25の通りであった。これをみる限り、「体操」の時数が決して多くないこと、対して「裁縫」の時数が多く、また「国語」「英語」に力点を置いていたことがわかる。

かたや、一九二三（大正一二）年四月の『読売新聞』には、開校に先立ち、「體育を主とする特殊な女學校の設立[4]」という記事が掲載され、また、回想記ではあるが、可児徳は一九六四（昭和三九）年一〇月

表25　1923（大正12）年における国華高等女学校の学科課程表

學年＼學科目	修身	國語	英語	歷史	地理	數學	理科	圖畫	家事	裁縫	音樂	體操	法制及經濟	手藝	計
數時	二	六	三	一	二	二	二	一		四	二	二			二八
第一學年	道德ノ要旨 作法	講讀、作文、文法、習字	發音、綴方 讀方、會話 譯解、書取	日本歷史	日本地理	算術	植物 動物	寫生書 考案書		裁方、縫方 繕方	単音唱歌	體操、教練 遊戲			
數時	二	六	三	二	二	二	二	一		四	二	三			二八
第二學年	同上	同上	同上	同上 東洋歷史	外國地理	同上	動物 生理衛生	考案書 幾何画法		同上	同上	同上			
數時	一	五	三	一	一	三	三	一	二	四	一	三		一	二九
第三學年	同上	同上	讀方、譯解 書取、會話 文法、作文	東洋歷史 西洋歷史	同上	代數、幾何	生理衛生 鉱物	同上	衣服、食料 住居、家事 衛生、實習	同上	同上	同上 複音唱歌		編物、嚢物	
數時	一	五	三	一	一	三	三		四	四		三	一	一	三〇
第四學年	同上	同上	同上	西洋歷史	同上	同上	物理 化学		料理、育兒、看病、家事、經濟、□《不明》□《不明》 實習	同上 ミシン使用法		同上	法制及經濟	同上	

の『読売新聞』で記者のインタビューに対して、「大正十二年『生意気なようだが、スポーツ教育を振興しよう』と荒川に国華高女を創立した[5]」と答えている。

国華高等女学校における課外授業を含めた運動への取り組みに関する史料が確認されていないため、同校の全体像は必ずしも明らかではないが、少なくとも、この「学科課程表」（一九二三年）からは「体育を主とする」「スポーツ教育を振興」というには物足りなさをおぼえる。たとえば、第四学年になると、「家事」の毎週時数は四コマ、「裁縫」の毎週時数は四コマ、「手芸」の毎週時数は一コマと、良妻賢母主義教育のコアとなるものが強調されていき、さながら家政系教育機関の課程表のようである。

それは、前述のように、四名による共同設置ということになるために、必ずしも可児徳の意向、

―「体育を主とする」「スポーツ教育を振興」するという理想ばかりを前面にすることはできなかったということなのか。

国華高等女学校創設時の財政面を「高等女学校設置ノ件」（一九二三年三月、東京都公文書館所蔵）から確認すると、以下の通りである。

同校の経費および維持方法については、各年度の運営基盤は主として生徒からの受験料二円と入学金三円、一カ月の授業料五円および校費五〇銭からまかなうものとする。しかし、創設に際しての校舎建築費、校具の購入費、土地の賃借料（一カ月、六九円五五銭）などは、設立者の負担となる。創設にあたって、一九二二（大正一一）年度から一九二四（大正一三）年度に見込まれる支出金、合計七一、八〇〇円の負担の内訳は、加藤浩が二〇、〇〇〇円、内木保が二一、八〇〇円、古屋慶隆が三〇、〇〇〇円とあり、可児徳はその負担を背負っていない。更に、「設立者履歴」につづく「設立者資産調」には、加藤浩、内木保、古屋慶隆の三名の資産証明書がつづられている。三名のうち、可児徳とともに学校運営にもっとも関与した内木保は、宅地および田畑として四五、〇〇〇円、山林として六〇、〇〇〇円、諸株券として二五、〇〇〇円、商業資産として二〇、〇〇〇円、合計一五〇、〇〇〇円の資産を有し、加藤浩は合計一七三、八四〇円、古屋慶隆は合計七三四、七〇〇円の資産を有するものであった。なお、創設時に出資をしていない可児徳の資産証明書はつづられていない。

そして、創設後は、可児徳は校長、内木保は学監となり、その教育と運営を担っていくことになる。加藤浩と古屋慶隆は、創設時の寄附者として関わったのみで、その後の学校教育および運営に関与した形跡は確認できていない。

一九二三（大正一二）年四月一一日、国華高等女学校の入学式がおこなわれた。[6] 入学生数は不明である。そして、開校早々の同年同月、可児徳と内木保は、国華高等女学校の校舎内に国華家政女学校を併置したい旨の申請書を東京府知事に提出し、同年五月には国華家政女学校を開校させている。[7] 国華高等女学校が「高等女学校令」にもとづく女学校であるのに対して、国華家政女学校は「私立学校令」の適用を受ける各種学校であった。

一九三四（昭和九）年のものになるが、「国華家政女学校学則」（附録5）は、次の通りであった。

第一條　本校は家政實務に從事する女子に須要なる知識技能を授け兼て婦德を涵養し實際生活に適應すへき教育を施すを以て目的とす
第二條　本校は國華家政女學校と稱す
第三條　本校に家政科實務科を置く
第四條　修業年限は各科二ヵ年とす
第五條　生徒定員は各科百名つつとす

ここでは、国華高等女学校の目的にみられた「身体健康」は消されている。また、あくまでも「家政実務に従事する女子」を対象にした「実際生活に適応」する教育をおこなうものと、その範囲はきわめて限定的なものになっている。

そして、「国華家政女学校学科課程表」（附録5）によると、家政科、実務科のいずれの科においても「体操（体育）」はおこなわれていない。家政科は当然、「裁縫」「家事」「手芸」を主とするつくりになっているが、それに次いで多くの時間が取られているのは「国語」である。また、「修身」（毎週時数一コマ）よりも「英語」や「数学」（ともに毎週時数二コマ）に時間数が多くなっていることも特徴的である。実務科については、「国語」と「英語」にもっとも多くの時間が割《さ》かれ、「数学」「裁縫」がそれに次ぐつくりとなっている。ここでも「修身」は毎週時数一コマのみと、重きを置かれるものではなかった。

国華高等女学校の開校から、騎虎の勢いで国華家政女学校を開校させたことには、東京都公文書館所蔵による一九三四（昭和九）年の「国華高等女学校名称変更ノ件」内にある以下の記述からうかがい知る背景があろう。

> 當國華高等女學校ノ所在地タル現荒川區三河島町附近ノ地ハ創立當時ノ大正十二年頃ニ在リテハ邊鄙卑湿ノ地トテ文化ノ惠澤ニ浴スルコト至ツテ薄ク産業未ダ發達セズ住民ノ生活程度ハ甚ダ低キモノニ有之候　従ツテ是等地方民子女ノ中等敎育ハ殆ンド顧ミラレザルノ状態ニテ候

このように、辺鄙で産業という産業も発達していない地において、生活程度の低い住民らは、とりわけ女子中等教育を蔑ろにしている状態であったから、それを克服しようという思いから創設に踏みきったという。即ち国華家政女学校の開校は、土地柄から高等女学校では敷居が高く、まずは、地元からも支持されやすい修業年限二年の各種学校ということであろうか。

一九二五（大正一四）年度における国華高等女学校予算によると、授業料収入は一五、四〇〇円で、全校生徒の数は約二五〇名である。創設から三年目にして、約二五〇名の生徒とは、定員五〇〇名に向かってまずまずの経過であった。だが、一九二七（昭和二）年度における国華高等女学校の生徒数は、第一学年七〇名、第二学年七五名、第三学年七七名、第四学年六六名、合計二八一名と、ここでは思うような伸びはみられない。この土地柄が「スポーツ教育」とはほど遠い現実にあったものか、どうなのかはわからない。

更に一九二七（昭和二）年一月の「国華高等女学校職員表」（表26）によると、可児徳は、「修身」七コマ、「英語」三コマ、「習字」二コマ（「習字」とは「国語」、あるいは「英語」のなかに含まれるもの）を担当している。「体操（体育）」は、高取巧と八木キヨという教員ふたりに任せられている。この時、教員の総数は、一六名（校長含む、学監および書記は含まず）、そのうち専任は一三名、兼任は三名であった。また、教員の平均給与は六九円であり、内木保も七〇円であったが、可児徳は校長であるためか、二〇〇円と高給を得ていた。

国華高等女学校は、一九三四（昭和九）年に「荒川高等女学校」へと校名を改称している。その理由は、東京都公文書館所蔵による同年の「国華高等女学校名称変更ノ件」によると、一九三三（昭和八）年の行政改革による区画整理によって荒川区は東京市へ編入されているのだが、「區内中等教育ニ於ケル狀態ヲ

表26　1927（昭和2）年の国華高等女学校職員表

職員表　昭和二年一月十日現在

免許状種類及免許狀及學科目	担任學科目	毎週教授時數	月手当	其他ノ給	専任　兼	就職年月日	氏名
師範中學及高等女學校、試驗検定、生理衛生	修身、英語、習	修7、英3、習2	二〇〇		専任	大正十二年三、三一	校長　可兒德
—	—	—	七〇		仝右	仝右	學監　内木保
師範、中學、高女学校、試驗検定、農業科、理科	理科、算術	理9、算4	一〇〇		仝右	大正一四、四、一	教諭　横山巌
師範、中學校、高女校、試驗検定、教育	國語、地理	國4、地9	六〇		仝右	大正一五、四、一	仝　三上秋良
師範、中學、高女校、無試驗検定、體操	體操	體16	七五		仝右	仝右	仝　高取巧
師範、中學、高女校、無試驗検定、歴史	歴史、習字	歴9、習3	五〇		仝右	仝右	仝　宗宮信行
師範、中學、高女校、無試驗検定、國語	國語、修身	國10、修4	四〇		仝右	大正一四、四、一	仝　松崎誠四郎
師範、中學、高女校、無試驗検定、數學	代數、幾何	代6、幾3	五〇		兼任	大正一五、九、一	仝　吉田可行
師範、中學、高女校、無試驗検定、博物	動物、植物	動4、植4	五〇		時間給	仝右	仝　安田健之助
師範、中學、高女校、無試驗検定、英語	英語	英18	八〇		専任	大正一五、五、一	仝　塚本歌子
師範、中學、高女校、無試驗検定、家事	家事、習字	家8、習2	六五		専任	大正一四、四、一	仝　田中まきゑ
師範、中學、高女校、無試驗検定、國語	國語	國18	六五		仝右	仝右	仝　矢野敬子
師範、中學、高女校、無試驗検定、體操	體操、音樂	音10、體5	六〇		仝右	大正一三、四、一	仝　八木キヨ
師範、中學、高女校、無試驗検定、裁縫	裁縫	裁14、手藝3	五五		仝右	大正一五、四、一	仝　林都
師範、中學、高女校、無試驗検定、圖画、手藝、	圖画	圖6	三〇		時間給	仝右	仝　小野勝代
—	算術、□（不明）径	算4、法1	七〇		専任	大正一二、三、三一	教諭心得　内木武彦
—	裁縫	裁14	六〇		専任	大正一二、四、一	仝　小河敏子
—	—	—	三〇		書記	大正一五、六、一	書記　松原一恵

觀レバ未ダ一中學校一高等女學校ノアルニ過ギズ而シテソノ唯一ノ高等女學校ガ我ガ國華高等女學校ニ有之候 此ノ如キ狀態ニアルヲ以テ區ヨリハ進ンデ補助ヲ申出デラルヽアリ且區民多數ノ要望トシテ此際校名ヲ變更シテ區名ヲ冠シタル荒川高等女學校ト改称致シテ」ということであった。

校名変更とは、それ相当の理由があってなされることであろうが、「国華高等女学校」から「荒川高等女学校」への校名変更の背景には、前述のように、荒川区内で唯一の高等女学校であり、区からの補助もあり、区民の要望でもあることが主たる理由とされている。しかし、専門学校等への昇格や男女共学制への移行によるための改称ではなく、開校から一二年目にして、あえて校名変更に踏み切ったのは、前記の理由以外にも経営的な巻き返しの狙いもあったのではなかろうか。

当時の経営状態を伝える一端として、一九三三（昭和八）年一〇月の『教育週報』には、「清廉潔白の氏（可児徳）は校舎の改築、設備の完成を圖るために今後一層の苦闘と戦はねばならぬ境遇にある」[8]（括弧内は筆者による）とし、可児徳が国華高等女学校の運営のために恒常的に寄附金を募る記事が掲載された。

もちろん、私立学校にとって寄附金を恒常的に募ることはめずらしいことではなかったが、ここでは、校舎の改築や施設・設備の充実のために、あえて、あらたな後援会を設置することを伝えている。後援会の会員には、従来から恒常的な寄附金によって国華高等女学校の経営を支えてきた横山大観、池上秀畝、山田敬中らをはじめとし、このたび、あらたな会員として、体育界に名を馳せている二宮文右衛門、田村虎蔵、大谷武一、尼子止らを加え、二〇名以上による支援が得られるという。会費は、一口二〇円であり、更なる入会希望者は、まずは会費の半額一〇円を添えて「可児徳氏後援会宛」に申し込むようにと記されている。[9]一九三三（昭和八）年の小学校教員の初任給は、月額四五円から五五円[10]であったから、一〇二〇円の寄附金は決して小さな額ではなかったといえよう。

更に、一九三七（昭和一二）年頃、すでに潜在化していた国華高等女学校（一九三七年時点の校名は荒川高等女学校）内の「可児派」「内木派」[11]という派閥が、理由は定かでないが、衝突することとなり、内木保は同校の経営から手を引くことになる。[12]そして、内木保は、遅くとも一九四〇（昭和一五）年二月には名教中学校（当時、東京市渋谷区代々木富ヶ谷町に所在）を買収し、同校の校長に就任している。

一方、一九三九（昭和一四）年八月、六四歳を迎えていた可児徳は、兼務していた日本体育会理事から常務理事になると同時に、会長事務取扱に就任している。それは、昭和一〇年代以降、同会の経営状態は悪化の一途をたどっていたが、その混乱期にあたるものであった。

『学校法人日本体育会日本体育大学八十年史』（一九七三年）は、当時、同会の経営状態が混乱に陥《おちい》った理由を、①校舎移転、②専門学校への昇格に関する問題、③財団法人日本体育会の設立に要する資金調達の難渋、④同窓会の発言力の増大、⑤日本体育会の会務担当者の経営能力の不足、としている。

④については、一九三九（昭和一四）年七月に同会の同窓会組織、新々会が設置されている。[13]そして、新々会からの日本体育会理事者らに向けた経営状態に関する批判や圧力は相当強かったものと思われ、新々会設置の翌月、一九三九（昭和一四）年八月には日本体育会の会長事務取扱・真行寺朗生が抱えきれない心労から鉄道事故死を遂げている。つまり、可児徳の会長事務取扱就任は、真行寺朗生の事故死を受け、その交代者としてのことであった。しかし、可児徳もすぐさま新々会から、その進退を迫られ、わず

か二カ月後の同年一一月には、その任を伯爵の二荒芳徳に托して辞任している。[14]なお、二荒芳徳は、この時、日本体育会の会長事務取扱を越えて、同会の会長に就いている。[15]
一九三九（昭和一四）年、内木保と別れて、設置時からの経営者として、ひとり重責を抱えることになっていた可児徳は、国華家政女学校を廃校にしている。[16]しかし、その詳細については不明である。
一九四〇（昭和一五）年三月、可児徳は前述の二荒芳徳による新会長および体操学校校長のもと、同校の男子部、女子部のいずれにおいても「体育原理」を担当し[17]、その同時期に、中京高等女学校家事体操科の講師を退任している。こうして、この頃より可児徳の教育実践の場は、自らの運営する荒川高等女学校と母校である日本体育会体操学校に限られるものになっていく。
更に、可児徳は、日本体育会が専門学校に昇格した一九四一（昭和一六）年三月には、同じく校長・二荒芳徳のもと、「体育史」を担当する教授に就いている。[18]
同年二月、女子体育振興会の主催によって女子体育功労者表彰式が東京女子高等師範学校講堂においておこなわれている。ここで功労者として表彰されたものは、以下の一一名であった。

東京女子体操音樂校長藤村トヨ、日本女子体専校長二階堂トクヨ、直眞影流薙刀師範園部たりた、天道流薙刀師範美田村千代、東京府三女教諭池田久光、東京府六女教諭須田四郎、東京女師囑託青木てい、東京東洋高女教諭伊澤エイ、京都精華女教諭對馬文作、大阪西華女教諭松村千代、弘前女教諭工藤淺吉[19]

時代は、第二次世界大戦に突入し、教育界も戦争の影響を直接的に蒙《こうむ》ることになった。荒川高等女学校が如何なる戦争体験を経て、可児徳が如何にして敗戦を迎えたのか、それを伝える史料は見当たらない。第二次世界大戦後には、新教育制度のもと、荒川高等女学校は、改組、校名変更などをくりかえす。しかし、それは決して同校の経営状態が順調であったことばかりを示すものではない。

現在、明らかになっていることとしては、一九四七（昭和二二）年四月、「荒川高等女学校」は新教育制度にもとづき「荒川中学校」として改組・発足され、同年九月には「財団法人荒川学園」として認可を受ける。[20] 一九四八（昭和二三）年には、新教育制度のもとで、「荒川高等学校」を併設した。[21] 一九五一（昭和二六）年には、「荒川中学校」および「荒川高等学校」は、中学校・高等学校の一貫教育を理想とし、再び校名を創設以来の「国華」を掲げた「国華高等学校・中学校」と変更する。[22] そして、一九五二（昭和二七）年には「国華女子学院（高等学校・中学校）」に改称し、[23] 一九六五（昭和四〇）年には、練馬区土支田町に校地を移転[24]している。

しかし、この移転については、同年二月の第四八回国会において、文部省および東京都の管理体制を指摘する例として、香川県出身の議員・二宮文造より「『国華高等学校』の杜撰な経営状態」として取り糺されている。その議事内容は、すぐさま三日後の『朝日新聞』において「校舎ができないのに生徒募集[25]」と大々的に報じられた。

この国会議事録や新聞記事によると、当時、「学校法人国華高等学校」の理事長、「国華高等学校」の校長は九〇歳の可児徳であり、全校生徒数は九四名であった。学校運営の実際には、可児徳の長男・可児俊夫が同法人の理事としてあたっていた模様だが、移転の前年になる一九六四（昭和三九）年には、「国華高等学校」へと校名変更をしているにもかかわらず、東京都への申請手続きはおこなわれず、更に、その時点より無届けのまま男子生徒を受け入れている。そして、移転先を明記し生徒募集をおこなったものの、校舎の建築工事は遅々として進まない。やむを得ず、近隣の小学校を会場に借りて入学試験を実施し約八〇〇名が受験した。数日後には合格発表をおこない、その同日より入学手続きを開始し、すでに約三〇〇名におよぶ合格者が入学金の四八、五〇〇円（教育振興費などを含む）を納入しているということであった。[26]

その後、練馬区土支田町において校舎がいつ完成し、どのようなかたちで学校経営がなされていったのかを伝える史料は、暫く途絶える。

このように経営状態の不安定ななか、一九六六（昭和四一）年九月八日、可児徳はこの世を去った。同年九月一一日の『毎日新聞』は、以下のように訃報記事を載せた。

可児徳氏（かに・いさお、私立国華学園理事長、同中・高校長）八日午前十一時二十五分、脳内出血のため東京足立区の老人病研究所付属病院で死去、九十二才。告別式は十二日午後一時から練馬区北大泉三四八九の国華学園で学園葬として行なう。自宅は練馬区下石神井二の一六八〇。喪主は長男、俊夫氏。

体育教育界の草分けの一人で大正六年米国、スウェーデン留学から帰国後、旧制東京高師教授としてバレーボールなどの競技を正課に採用、近代スポーツ種目の普及のさきがけをつくった。日体大教授などを歴任、著書に「体育の理論と実際」「体操発達史」など[27]（傍線は原文のまま）。

ここでいう留学年については、これまでに述べてきた通り、渡米の年は、一九一五（大正四）年であり、帰朝の年は一九一七（大正六）年である。また、留学先はアメリカだけであり、スウェーデン留学は果たせなかったものである。更に、「日体大教授」[28]とあるが、新制大学として発足する日本体育大学の一九五〇（昭和二五）年一〇月における職員表およびそれ以降の同大学の歴史のなか、可児徳の名前が登場することはなかった。

訃報記事による可児徳の住所は東京都練馬区となっているが、可児徳の生まれは、岐阜県恵那郡上地村周辺であった。その後、可児徳が生活をしていたであろう、明らかになっている住所は、大正期から昭和期にかけての東京市小石川区大塚仲町三六、また、一九三七（昭和一二）年頃には横浜市鶴見区生麦町躑躅ケ岡一九四四であり、一九六五（昭和四〇）年頃には東京都練馬区北大泉三四八九であった。

再び「国華高等学校」がその経営状態について、―単に一私立学校の問題にとどまらず、ベビーブームによる中等教育機関の構造的問題として社会的に取り上げられたのは、一九六八（昭和四三）年三月の『毎日新聞』[29]、一九八四（昭和五九）年五月の第一〇一回国会における東京都出身の議員・吉川春子による指摘によるものであった[30]。

そして、「国華高等学校」は、一九六九（昭和四四）年四月に休校手続きをとられ、現在に至っている。

また、当時、併設していた「国華中学校」についての休校を伝える正式な日付等の史料は確認されていない。

（参考文献）［1］内木文英、一九八六『泣き虫人生』わこう出版、四七頁。［2］は［1］と同じ、四六―四七頁。［3］東京荒川区、一九八九『荒川区史』下巻、東京都荒川区。［4］読売新聞社、一九二三『読売新聞』四月六日付。［5］読売新聞社、一九六四『読売新聞』一〇月一〇日付。［6］は［4］と同じ。［7］東京都荒川区教育委員会編、一九九六『荒川区教育史』通史編、東京都荒川区教育委員会、二〇四頁。［8］教育週報社、一九三三『教育週報』一〇月七日。［9］は［8］と同じ。［10］週刊朝日編、一九八八『値段史年表 明治・大正・昭和』朝日新聞社。［11］は［1］と同じ、四七頁。［12］平野俊、二〇〇五「世代を結ぶ肩車」学校法人中京女子大学創立百周年記念事業委員会編『学校法人中京女子大学 一〇〇年史』学校法人中京女子大学。［13］日本体育会日本体育大学八十年史編纂委員会編、一九七三『学校法人日本体育会日本体育大学八十年史』学校法人日本体育会。［14］は［13］と同じ、七一七頁。［15］は［13］と同じ。［16］は［3］と同じ。［17］は［13］と同じ。［18］は［13］と同じ。［19］朝日新聞社、一九四一『朝日新聞』二月七日付。［20］東京都荒川区教育委員会編、一九九六『荒川区教育史』通史編、東京都荒川区教育委員会。［21］は［20］と同じ。［22］は［20］と同じ。［23］は［20］と同じ。［24］参議院、一九六五「参議院決算委員会会議録第5号」第48回国会、二月一七日。［25］朝日新聞社、一九六五『朝日新聞』二月二〇日付。［26］は［24］と同じ。［27］毎日新聞社、一九六六『毎日新聞』九月一一日付。［28］は［13］と同じ、八六一―八六三頁。［29］毎日新聞社、一九六八『毎日新聞』

三月五日付。

〔30〕参議院、一九八四「参議院文教委員会会議録第十号」第１０１回国会、五月八日。

おわりに

二〇二〇年の東京オリンピックを目前《もくぜん》にして、NHKは大河ドラマ「いだてん～東京オリムピック噺～」を放映した。主役は、ストックホルムオリンピック（一九一二年）にマラソンで出場した金栗四三《かなくりしそう》と東京オリンピック（一九六四年）で組織委員会事務総長をつとめた田畑政治のふたりである。

金栗四三が高等師範学校の学生だった時、同校の校長は嘉納治五郎であり、そこには教員のひとりとして可児徳もいた。ドラマでは個性豊かな登場人物のなか、可児徳はいつも嘉納治五郎の脇で控えている助手のような役にされている。

本書は筆者が、二〇〇九（平成二一）年に名古屋大学大学院教育発達科学研究科教育科学専攻で修士論文としてまとめていたものを、このたび大幅に縮め、多少の修正をおこなったものである。その取材当時から、私は「かにいさお」を「かにとく」と親しみをもって呼んでいた。ドラマのなかでは、「かにくん」「かにさん」と呼ばれているが、これは何だかしっくりこない。「とくさん」の方が本来であったように思われてならない。

戦後、久しくその名前を取り上げられることのなかった「かにとく」が、死後五〇年以上がたってスポット・ライトを浴びている。ドラマは白黒だったものに色をつけ、平面的だったものを立体的にする。自由な想像の世界に音や輪郭をつけ、リアルに、さも本物であるかのように動き出させる。ドラマは展開がわかりやすく、おもしろい。だが、私としては、脚色によって一定の枠のなかに閉じ込められてしまうことに窮屈さを感じ、白々《しらじら》しくもなり、複雑な心境でもある。可児徳は勤勉であったが、ドラマ以上に柔軟な遊び心をもち、華やかでおしゃれな人物だったと思えてならない。また、一方で「立身出世」を信じ、野心をもち、スポーツの普及に闘志を燃やし、時に挫折し、葛藤した人物であったのではないか。

　可児徳がこれまでに体育史のなかで中心的に語られることがなかったのは、徴兵制が敷かれていた戦前期の学校体育および体育界において、「富国強兵」策としての体育が「正系」と見做されるなか、可児徳がそのような体育に懐疑的であったことが少なからず影響していよう。そして、第二次世界大戦後の新教育制度下においても、学校体育および体育界の指導者層は、戦前期から連続する「正系」としての東京高等師範学校＝茗渓閥が中心を占め、その弊害として、「傍系」を排除するという欠落部分があったのではないか。

　いま学校体育やスポーツ界で起きているさまざまな問題は、決して一過性のものではなく、体育やスポーツの抱える本質的な問題も多い。つまり、その根っこは歴史のなかにあり、体育やスポーツの発展に真剣に取り組んだ可児徳の生涯から学ぶことは多い。

　黎明期には「スポーツ」と「体育」は対立した。スポーツは「擬似戦争」であるといわれるように、若者はあふれて止まないエネルギーをスポーツのなかで発散することを楽しんだ。一方、「体育」は、より多くの人たちを対象に、立派な身体をつくりたいと医学的な面からはじまり、それは心のあり方をも国家の理想に近づけようとするものであった。有事の際には、遊戯性の強い「スポーツ」よりも軍事教練的要素を含む「体育」がより役に立つと重宝された。「スポーツ」は単なる戯《たわむ》れであると、いとも容易く中断された。

なかでも、「体育」の正系は体操であったが、体操こそ「安価に、大量に人間を教育しなければならない軍隊と学校にとっては、まことにうってつけのもの」[1]とされた。だから、結局は、戦前期に亘り「体育」では「しつけ」的効果があるとされた体操が常に上位に位置づけられてきた。

可児徳は、「体育」より下位にみられていた「スポーツ」を奨励する立場にあり、ましてや留学先のアメリカは敵国となった。可児徳の紹介するものは敵国の文化として、この時代、日本に受け入れる素地はなかった。戦争はブルドーザーのように容赦なくすべてを一方向に推《お》し進める。

体育・スポーツは、往々《おうおう》にして正義感や犠牲の精神、協調性やリーダーシップ、忍耐力の涵養の手段としても用いられるが、その本質が個人の幸福や健康に向かうのか、はたまた国家の強兵や国威高揚に向かうのか、それは、時代によってたやすくゆれ動く危うさもある。少なくとも可児徳は、体育・スポーツを「国家」のために使うようにとはいわなかった。体育・スポーツが再び軍事の論理に踊らされ、心身そのものを国家にもっていかれぬよう切に願いながら、可児徳から学びたい。

（参考文献）［1］城丸章夫、一九六二「近代教育における身体観」『現代教育学』14、岩波書店、一九頁。

＊「参考文献」は各項に記した通りだが、図表を含め、以下の文献も参考にした（アルファベット順）。

愛知県教育委員会編、一九七五『愛知県教育史』第四巻、愛知県教育委員会。

天野郁夫、一九八六『近代日本高等教育研究』玉川大学出版部。

有馬学、一九九九『日本の近代4「国際化」の中の帝国日本 1905～1924』中央公論社。

馬場哲雄、二〇〇五「成瀬仁蔵とアメリカ留学中の女子高等教育における体育・スポーツ」『日本女子大学紀要 人間社会学部』第一五号、日本女子大学。

千早保之、一九九七「斐太高の創立をめぐって」岐阜県立斐太高等学校編『有斐』三九号、岐阜県立斐太高等学校。

中京女子なでしこ同窓会編、一九八五『八十年の思い出』中京女子なでしこ同窓会。

江刺正吾、一九九二『女性スポーツの社会学』不昧堂出版。

「学校体操調査会」、一九〇七『教育界』第六巻第一〇号、八月三日、金港堂。

岐阜県教育委員会編、一九九八『岐阜県教育史』史料編 近代一および近代二、岐阜県教育委員会。

岐阜県立斐太高等学校創立百十周年記念事業実行委員会編、一九九六『巴陵群像』岐阜県立斐太高等学校。

芳賀登、一九九〇『良妻賢母論』雄山閣出版。

畑中理恵、二〇〇四『大正期女子高等教育史の研究—京阪神を中心にして—』風間書房。

広田照幸、一九八六「近代日本における職業軍人の精神形成—大正・昭和初期の陸士・陸幼教育について—」『東京大学教育学部紀要』第二五巻、東京大学教育学部。

広田照幸、二〇〇〇『陸軍将校の教育社会史：立身出世と天皇制』世織書房。

藤本和子、一九八一「明治初年代の体育啓蒙論と女子体育」『白百合女子大学研究紀要』第一七号、白百合女子大学。

藤野豊、二〇〇〇『強制された健康 日本ファシズム下の生命と身体』吉川弘文館。

藤原政行、一九九八「大正期における高等教育機会の拡張と多様化—私立大学の専門部夜間教育の誕生とその意義—」

『日本大学教育制度研究所紀要』第二九集、日本大学教育制度研究所。

福定俊郎、一九七六「創立者のスピリット（故内木玉枝先生を偲んで）」『中京女子大学紀要』第一〇号、中京女子大学。

二見剛史、一九九一、「女子教育の論調 ―『裁縫雑誌』を中心として―」『鹿児島女子大学研究紀要』第一二巻第一号、鹿児島女子大学。

一ノ瀬俊也、二〇〇四『近代日本の徴兵制と社会』吉川弘文館。

井口あくり、一九〇三「女子の体育について」『教育広報』第二七〇号、帝国教育会。

今村嘉雄、一九七〇『日本体育史』不昧堂出版。

井上一男、一九七〇『学校体育制度史 増補版』大修館書店。

井上俊、二〇〇四『武道の誕生』吉川弘文館。

石井寛治、一九九八『日本の産業革命 日清・日露戦争から考える』朝日新聞社。

伊藤彰浩、一九九九『戦間期日本の高等教育』玉川大学出版部。

伊藤瑞香・永野順子、一九九二「家庭科教育における裁縫学習の変遷 ―教育政策の推移―」『和洋女子大学紀要』第三二巻、和洋女子大学。

入江克己、一九八六『日本ファシズム下の体育思想』不昧堂出版。

入江克己、一九九三『大正自由体育の研究』不昧堂出版。

巖本善治、一八九二『吾党之女子教育』明治女学校。

時事新報社、一九二三『時事新報』九月一三日付および同年九月一六日付および同年九月二五日付。

海後宗臣編、一九六〇『臨時教育会議の研究』東京大学出版会。

海後宗臣、一九七八『日本教育小史』講談社学術文庫。

海後宗臣編、一九八〇『教育改革《戦後日本の教育改革》』第一巻、東京大学出版会。

掛水通子、一九八五「『女子体育は女子指導者の手で』の出現をめぐる一考察 ―大正初期まで―」『藤村学園 東京女子体育大学紀要』第二〇号、東京女子体育大学。

掛水通子、一九九五『戦前のわが国の女子体育教師の教育に関する研究』(平成六年度文部省科学研究費補助金 研究成果報告書)。

掛本勲夫、一九八一「徴兵令と教育 ――一年志願兵制度の成立過程を中心として――」『筑波大学教育学系論集』第五巻、筑波大学教育学系。

加子母村文化財保護委員会編、一九九〇『加子母村の歴史と伝承(続編)』加子母村教育委員会。

加子母村誌編纂委員会、一九七二『加子母村誌』岐阜県恵那郡加子母村。

片桐芳雄、一九九〇『自由民権期教育史研究 ―近代公教育と民衆―』東京大学出版会。

片岡康子・輿水はる海・掛水通子監、一九九五『女子体育基本文献集 女子体育の研究』大空社。

加藤節子、一九八五「『婦女新聞』記事にみる大正期の女子体育の潮流」『上智大学 体育』第一八号、上智大学体育学会。

加藤陽子、二〇〇五『徴兵制と近代日本 1868―1945』吉川弘文館。

唐沢富太郎、一九八〇『教科書の歴史』創文社。

河原美耶子、一九九五「大正デモクラシーと教育思潮」『日本大学教育制度研究所紀要』第二六集、日本大学教育制度研究所。

川島虎雄、一九九二「わが国における兵式体操の変遷」『中京女子大学紀要』第二六号、中京女子大学。

木村涼子、一九八九「婦人雑誌にみる新しい女性像の登場とその変容 ―大正デモクラシーから敗戦まで―」『教育学研究』第五六巻第四号、日本教育学会。

木村吉次、一九六四「兵式体操の成立過程に関する一考察 ―とくに徴兵制との関連において―」『中京体育学論叢』第五巻第一号、中京大学。

木村吉次、一九六四「兵隊教練論 ―兵式体操論以前―」『体育の科学』第一四巻第一〇月号、体育の科学社。

木村吉次、一九六四「森有礼 ―兵式体操の推進者―」『体育の科学』第一四巻第一一号、体育の科学社。

木村吉次、一九七四「体育スポーツに貢献した女性たち」『体育の科学』第二四巻第三号、体育の科学社。

木村吉次、一九八八「大正後期学校体育のスポーツ化」『体育の科学』第三八巻第一一号、体育の科学社。

木村吉次、一九九八「兵式体操成立過程の再検討」『体育学研究』第四三号、日本体育学会。

木下東作、一九九二「女子體育の目標」『体育と競技』第一巻第五号、体育学会。

岸野雄三編、一九九九『近代体育スポーツ年表〈三訂版〉』大修館書店。

楠戸一彦、一九七五「グーツムーツの遊戯論―遊戯の教育的基礎づけ―」『東京教育大学大学院 教育学研究集録』第一五集、東京教育大学大学院教育学研究科教育学専攻。

教育実成会編、一九八九『教育人名辞典Ⅰ』上巻・下巻（定本一九一二『明治聖代教育家銘鑑 第一編』教育実成会）、日本図書センター。

教育実成会編、一九八九『教育人名辞典Ⅲ』上巻（定本一九一七『大日本現代教育家銘鑑 第三輯』教育実成会）、日本図書センター。

教育ジャーナリズム史研究会編、一九九二『教育関係雑誌目次集成 第Ⅲ期・人間形成と教育編』第三三巻、日本図書センター。

教育ジャーナリズム史研究会編、一九八九『教育関係雑誌目次集成 第Ⅱ期・学校教育編』第二〇巻、日本図書センター。

教育ジャーナリズム史研究会編、一九八七『教育関係雑誌目次集成 第Ⅰ期・教育一般編』第二〇巻、日本図書センター。

教育ジャーナリズム史研究会編、一九九四『教育関係雑誌目次集成 第Ⅳ期・国家と教育編』第二八巻、日本図書センター。

教育人名辞典刊行会編、一九六二『教育人名辞典』理想社。

「教育年鑑」刊行会編、一九八三『教育年鑑』昭和一〇年版および昭和一一年版、日本図書センター。

教育週報社、一九二六『教育週報』八月二八日および一九二七『同書』九月二四日。

毎日新聞社、一九六九『毎日新聞』一月一二日付。

三谷太一郎、一九九五『新版 大正デモクラシー論 吉野作造の時代』東京大学出版会。

三輪田真佐子、一八九七『女子教育要言』国光社。

都新聞社、一九二三『都新聞』一〇月一一日付。

水原克敏、一九九〇『近代日本教員養成史研究―教育者精神主義の確立過程―』風間書房。

文部大臣官房体育課、一九三五「独逸体育運動の行くべき途」『体育研究』第二巻第六号、目黒書店。

文部大臣官房体育課、一九三五「独逸体育の行くべき途（下）」『体育研究』第三巻第一号、目黒書店。

文部省、一八七五『文部省第一年報』（明治六年）から同省一八八九『文部省第十六年報』（明治二十一年）まで、文部省。

文部省、一八九三『大日本帝国文部省第二十年報』（明治二十五年）から同省一八九七『大日本帝国文部省第二十四年報』（明治二十九年）まで、文部省。

文部省、一八九八『日本帝国文部省第二十五年報』（自明治三十年 至明治三十一年）から同省一九四三『日本帝国文部省第六十五年報』（自昭和十二年四月 至昭和十三年三月）上巻まで、文部省。

文部省教育調査部、一九四二『ナチス・ドイツの学校体育綱要』文部省教育調査部。

森川輝紀、一九九七『大正自由教育と経済恐慌』三元社。

村田鈴子、一九八〇『わが国女子高等教育成立過程の研究』風間書房。

永井道明、一九一三『学校体操要義』大日本図書。

永井道明、一九三五『余が六十八年間の体育的生活と其感想』師範大学講座体育5、健文館。

永井道明先生後援会、一九八八『伝記叢書三六遺稿 永井道明自叙伝』大空社。

内閣官報局、一九〇六「体育に関する建議案委員会会議録（速記）第二回」『官報』第六類第一五号、第二二回帝国議会衆議院、三月一〇日、内閣官報局。

内閣官報局、一九〇六「日本体育会国庫補助に関する建議案委員会」『官報』第二二回衆議院、三月一五日、内閣官報局。

内閣官報局、一九〇八「体育に関する建議案委員会」『官報』第二四回衆議院、三月一九日、内閣官報局。

内閣官報局、一九一八「日本体育会国庫補助に関する建議案委員会」『官報』第四〇回衆議院、三月一九日、内閣官報局。

内閣官報局、一九一九「予算委員会第三分科会」『官報』第四一回貴族院、二月二五日、内閣官報局。

内閣官報局、一九二五「武道普及に関する建議案委員会」『官報』第五〇回衆議院、二月七日、内閣官報局。

内閣官報局、一九二六「予算委員会」『官報』第五一回衆議院、二月八日、内閣官報局。

内閣官報局、一九三七「予算委員会第二分科会」『官報』第九〇回衆議院、八月一二日、内閣官報局。

中井良宏、一九八一「明治後期、女子中等教育に関する一考察 ―名古屋市における私立各種女学校の場合―」『椙山女学園大学研究論集』第一三号、椙山女学園大学。

成田十次郎編、一九八八『スポーツと教育の歴史』不昧堂出版。

成瀬仁蔵、一八九六『女子教育』青木嵩山堂。

日本体育会日本体育大学百年史編纂委員会編、一九九一『学校法人日本体育会百年史』学校法人日本体育会。

野口昭彦・一正孝、一九八六「明治期における女子体育観の一考察」『体育研究』第二〇号、中央大学。

野口源三郎、一九二五「軍事教育に直面せる体育教師の態度」『体育と競技』第四巻第二号、体育学会。

尾形裕康、一九六〇『日本教育通史』早稲田大学出版部。

岡田良平、一九二五「最近の教育問題と将来の希望」『岐阜県教育』第三七四号、岐阜県教育会。

大橋彌市編、一九一六『濃飛人物と事業』未発刊。

大泉精三、一九二二「遊戯とは何ぞや」『体育と競技』第一巻第四号、体育学会。

大泉精三、一九二二「身体的訓練としての遊戯（一）」『体育と競技』第一巻第五号、体育学会。

大泉精三、一九二二「身体的訓練としての遊戯（三）」『体育と競技』第一巻第八号、体育学会。

大久保利謙編、一九七二『森有礼全集』第一巻、宣文堂書店。

大熊廣明・阿部生雄・真田久・岡出美則・長谷川悦示、二〇〇五「高等師範学校・東京高等師範学校による学校体育の近代化とスポーツの普及に関する研究」『筑波大学体育科学系紀要』第二八巻、筑波大学体育科学系。

小野寺永蔵、一九二二「学校体育の必要と其の根本教育」『体育と競技』第一巻第七号、体育学会。

小野寺永蔵、一九二二「女子競技の趨勢」『体育と競技』第一巻第八号、体育学会。

大阪朝日新聞社、一九二三『大阪朝日新聞社』九月三日付および同年九月四日付。

大谷武一、一九二三「競技を教育的に指導したい」『体育と競技』第二巻第八号、体育学会。

大谷武一、一九二四「遊戯の特徴と短所」『体育と競技』第三巻第三号、体育学会。

陸軍省、一九〇八「壱第二五六号 体操調査委員任命ノ件」『壱大日記』（二月）陸軍省。

陸軍省、一九〇九「壱第二四一三号 体操調査委員免命ノ件」『壱大日記』（一〇月）陸軍省。

栄沢幸二、一九九〇『大正デモクラシー期の教員の思想』研文出版。

佐々木啓子、一九九六「戦前期女子高等教育と中等教員無試験検定」『東京大学大学院教育学研究科紀要』第三六巻、東京大学大学院教育学研究科。

佐々木啓子、二〇〇二『戦前期女子高等教育の量的拡大過程 ―政府・生徒・学校のダイナミクス』東京大学出版会。

佐藤広美、一九九七『総力戦体制と教育科学 ―戦前教育科学研究会における「教育改革」論の研究』大月書店。

渋谷義夫、一九二二「体育上に於ける遊戯と体操（一）」『体育と競技』第一巻第四号、体育学会。

渋谷義夫、一九二二「体育上に於ける遊戯と体操」『体育と競技』第一巻第五号、体育学会。

志賀匡、一九七七『日本女子教育史』琵琶書房。

下田次郎、一九〇四『女子教育』金港堂。

下山田裕彦、一九六六「ペスタロッチ教育思想研究―『近接』思想を中心に―」『東京教育大学大学院 教育学研究集録』第6集、東京教育大学大学院教育学研究科教育学専攻。

真行寺朗生・吉原藤助、一九二八『近代日本体育史』日本体育学会。

杉村啓治編、一九九七『加子母村の歴史と伝承』第三編、加子母村教育委員会。

杉村啓治編、一九九七『加子母の歴史と伝承・続編「裏木曽三カ村の歴史」』加子母村教育委員会。

鈴木明哲、二〇〇七『大正自由教育における体育に関する歴史的研究』風間書房。

田口謹一編、一九一九『恵那影鑑』出版社不明。

高橋春子、一九九三「明治三十年代初めの女子体育論とミス・ヒューズによるスウェーデン式体操の推奨」『中京大学体育学論叢』第三四巻第二号、中京大学学術研究会。

「体操統一調査会」、一九〇八『教育時論』第八四二号、九月二五日付、開発社。

「体操調査委員会」、一九〇八『教育学術界』第一六巻第五号、二月二五日付、同文館。

「体操調査委員会或説」、一九〇八『教育時論』第八二〇号、一月二五日付、開発社。

「体操調査委員任命」、一九〇九『教育時論』第八八三号、一〇月二五日付、開発社。

「体操調査会」、一九〇七『教育時論』第八〇九号、一〇月五日付、開発社。

「体操調査会」、一九〇八『教育時論』第八二三号、二月二五日付、開発社。

「体操調査の進行」、一九〇八『教育時論』第八一九号、一月一五日付、開発社。

「体操調査視察」、一九〇九『教育時論』第八八四号、一一月五日付、開発社。

田中寿美子編、一九七五『女性解放の思想と行動 ―戦前編―』時事通信社。

谷口雅子、二〇〇三「スポーツにおけるジェンダーの生産と再生産 ―明治・大正期を手がかりに―」『日本スポーツ社会学会』第一一巻、日本スポーツ社会学。

寺田弥吉、一九三九『国防教育の建設』明治図書。

寺崎昌男・戦時下教育研究会編、二〇〇八『総力戦体制と教育 ―皇国民「錬成」の理念と実践―』東京大学出版会。

東海大学五十年史編集委員会編、一九九三『東海大学五十年史』通史編および部局編、東海大学。

東京朝日新聞社、一九一八『東京朝日新聞』八月一五日付。

東京女子師範学校編、一九一五『女子教育研究調査報告集』東京女子高等師範学校。

東京高等師範学校体育科創設八十年記念行事準備委員会編、一九九五『茗溪体育八十年 東京高等師範学校体育科創設八十年記念誌』東京高等師範学校体育科創立八十年記念行事準備委員会。

東京日日新聞社、一九二三『東京日日新聞』五月一一日付および同年五月一三日付および同年六月六日付。

東京私立中学高等学校協会、二〇〇〇『東京都内私立中学校高等学校案内』二〇〇一、東京私立中学高等学校協会。

東京私立中学高等学校協会、二〇〇一『東京都内私立中学校高等学校案内』二〇〇二、東京私立中学高等学校協会。

東京体育科学研究会編、一九七〇『体育人名辞典』逍遥書院。

東京都荒川区教育委員会編、一九二三『荒川区教育史』上巻、東京都荒川区教育委員会。

東京都渋谷区教育委員会編、一九九二『渋谷区教育史』上巻、東京都渋谷区教育委員会。

東京都総務局学事部学事第二課編、一九六九『東京都私立学校名簿』昭和四十四年版、東京都総務局学事部学事第二課。

東京都総務局学事部学事第二課編、一九七一『東京都私立学校名簿』昭和四十六年版、東京都総務局学事部学事第二課。

東洋政経通信社編集室編、一九五五『愛知県教育総覧』東洋政経通信社。

辻新次、一九七九「明治二四年二月一九日予算案会議女子高等師範学校の必要なる理由」三井為友編『日本婦人問題集成』第四巻、ドメス出版。

梅村佳代、二〇〇八「天皇制国家体制の確立と展開」江藤恭二編『新版 子どもの教育の歴史』名古屋大学出版会。

山本信良・今野俊彦、一九七七『大正・昭和教育の天皇制イデオロギー（Ⅱ）』新泉社。

山本礼子・福田須美子、一九八六「高等女学校の研究 ―一九二〇年代の教育実態をめぐって―」『和洋女子大学紀要』第二六集、和洋女子大学。

山本拓司、一九九九「国民化と学校身体検査」『大原社会問題研究所雑誌』No.488、大原社会問題研究所。

山本幸雄、一九二二「国民体育の奨励を叫ぶ」『体育と競技』一巻四号、体育学会。

山中良正、一九六七『新体育学講座 アメリカスポーツ史』第三巻、逍遙書院。

読売新聞社、一九六六『読売新聞』九月一一日付。

萬朝報社、一九一八『萬朝報』八月六日付および同年八月八日付および同年八月一二日付。

有斐会、二〇〇七『有斐会会員名簿』平成十九年度版、岐阜県立斐太高等学校有斐会。

附録 1） 可児徳年譜

年　月　日		年齢	事　　項
1874(明治 7)年	11 月 7 日		岐阜県恵那郡上地村に生まれる
一年	一月一日		岐阜県斐太尋常中学校に入学
1893(明治 26)年		18 歳	岐阜県斐太尋常中学校を卒業 小学校教育に従事
1896(明治 29)年	10 月一日	21 歳	上京
	11 月 20 日	22 歳	日本体育会体操練習所に入学
1897(明治 30)年	7 月 8 日	22 歳	文部省施行教員検定試験により普通体操科および兵式体操科の中等教員免許取得
	7 月 15 日		日本体育会体操練習所を卒業
	7 月 31 日		群馬県尋常中学校助教諭として赴任(1898 年 9 月 30 日まで)
1898(明治 31)年	6 月 30 日	23 歳	文部省施行教員検定試験により生理科の中等教員免許取得
	10 月 18 日		沖縄県尋常師範学校助教諭、兼沖縄県尋常師範学校舎監(1898 年 4 月 13 日まで)
1899(明治 32)年	4 月 20 日	24 歳	高等師範学校助教授に就く
	9 月 11 日		官立外国語学校別科(ドイツ語)に入学
1901(明治 34)年	5 月 16 日	26 歳	文部省より師範学校、中学校、高等女学校教員夏期講習会講師に嘱託される
	6 月 29 日		文部省における教員検定委員会臨時委員に就く
	7 月 6 日		官立外国語学校別科(ドイツ語)を卒業
	一月一日		日本遊戯調査会の調査委員に加わる
1902(明治 35)年	5 月一日	27 歳	体操教員同志会の理事に就く
	一月一日		東京女子体操音楽学校講師に就く(1913 年まで)
1904(明治 37)年	10 月 19 日	29 歳	文部省より体操遊戯取調委員に嘱託される(1905 年 12 月 30 日まで)
1906(明治 39)年	3 月一日	31 歳	正則英語学校(神田)で英語を学習する(3 年間)
1907(明治 40)年	2 月一日	32 歳	文部省より福島県、宮城県、青森県、北海道における小学校、師範学校、中学校、高等女学校の体操および遊戯の視察を命じられる(合計 43 校を視察)
	4 月 30 日		東京府より東京勧業博覧会審査を嘱託される
1908(明治 41)年	2 月 18 日	33 歳	文部省より普通体操及兵式体操調査委員に嘱託される(1909 年 4 月 30 日まで)
	6 月 15 日		文部省より師範学校教授要目取調委員に嘱託される
	一月一日		日本体育会体操学校女子部講師に就く
1911(明治 44)年	3 月 25 日	36 歳	東京高等師範学校助教授兼教諭に就く
	9 月一日		独逸協会附属独逸専修学校高等科において修業(1912 年 12 月まで)
1912(明治 45・大正元)年	一月一日	38 歳	日本体育協会創立委員に就く
1915(大正 4)年	2 月 23 日	40 歳	文部省の命を受け体育状況視察のためアメリカ留学に発つ
	5 月一日		シカゴ大学で競技運動を研究
	11 月一日	41 歳	スプリングフィールドの YMCA カレッジで体育一般を研究
1916(大正 5)年	12 月 4 日	42 歳	文部省に留学期間を 1917 年 10 月 30 日までの延期を依願
1917(大正 6)年	3 月 15 日	42 歳	文部省にスウェーデン留学を依願し、許可される（後に不許可となる）
	7 月一日		アメリカ各地の体育状況を視察
	10 月一日		再びスプリングフィールドの YMCA カレッジで体育一般を研究
	11 月 26 日	43 歳	帰朝

年　月　日		年齢	事　　項
1918(大正7)年	4月30日	43歳	東京高等師範学校教授に就く
	4月一日		日本体育会体操学校講師に就き、陸上競技を教授
	6月12日		文部省より文部省視学委員に嘱託される
	7月29日		明治神宮造営局より外苑事務取扱を嘱託される
1921(大正10)年	6月一日	46歳	中京高等女学校講師に就く(1940年頃まで)
	9月30日		東京高等師範学校教授を退官
	10月18日		東京高等師範学校講師に就く(1927年9月まで)
1922(大正11)年	5月10日	47歳	臨時教員養成所(体操科)講師に就く
	一月一日		中京高等女学校家事体操専攻科を設置
1923(大正12)年	4月一日	48歳	国華高等女学校を創立、校長に就く
	5月一日		国華家政女学校を併置し開校、校長に就く
1930(昭和5)年	3月一日	55歳	日本体育会体操学校昇格期成会の設立、会長に就く
1934(昭和9年)	4月1日	59歳	国華高等女学校を荒川高等女学校に校名変更、国華家政女学校を荒川家政女学校に校名変更
1939(昭和14)年	8月一日	64歳	日本体育会、理事から常務理事となり、会長事務取扱となる
	10月一日		日本体育会、新々会から会長事務取扱に対する進退を迫られる
	11月一日	65歳	日本体育会、会長事務取扱を辞任
	一月一日		荒川家政女学校廃校
1947(昭和22)年	4月一日	72歳	新教育制度のもとで荒川高等女学校は荒川中学校として発足
	9月一日		財団法人荒川学園に認可
1948(昭和23)年	一月一日	一歳	新教育制度のもとで荒川高等学校を併設
1951(昭和26)年	一月一日	一歳	荒川中学校および荒川高等学校は、中学校・高等学校の一貫教育を理想とする国華高等学校・中学校に校名変更
1952(昭和27)年	一月一日	一歳	国華高等学校・中学校は、国華女子学院(高等学校・中学校)に校名変更
1960(昭和35)年	5月一日	85歳	体育関係の功労者として藍綬褒章授与
1965(昭和40)年	4月一日	90歳	国華高等学校の校名で練馬区土支田町に移転(この時には男女共学制、学校法人名は国華学園)
1966(昭和41)年	9月8日	91歳	東京都足立区の病院で脳内出血のため逝去(享年92歳)
	9月12日		学校法人国華学園において学園葬

附録 2）可児徳の著書・記事一覧

◇著書（共著書，訳書等を含む）

出版年	タイトル	著者および編者，訳者	出版社
1903(明治 36)年 6 月	『女子運動法』	クララ・ヘスリング，坪井玄道・可児徳訳	大日本図書
1905(明治 38)年 11 月	『行進運動法』	ア・ヘルマン，坪井玄道・可児徳訳	大日本図書
1906(明治 39)年 4 月	『小学校体操提要』	坪井玄道・可児徳	大日本図書
1906(明治 39)年 6 月	『小学校体操遊戯講習会科外講演集』	体育学理研究会編「小学校器械体操に就きて」津崎亥九生・可児徳	体育学理研究会
1906(明治 39)年 7 月	『体育之理論及実際』	井口阿くり・可児徳・高島平三郎・川瀬元九郎・坪井玄道	国光社（1910 年改訂版）
1906(明治 39)年 10 月	『体操全書』	可児徳，西師意（中国語）訳	東亜公司
1907(明治 40)年 6 月	『行進遊戯提要』	可児徳・見沢宗蔵・矢嶋鐘二	実業教科研究組合
1907(明治 40)年 5 月	『小学校器械体操書』	可児徳・津崎亥九生	三省堂書店
1907(明治 40)年 6 月	『舞踏法初歩』	坪井玄道・可児徳	大日本図書
1907(明治 40)年 8 月	『小学校体操教科書』	坪井玄道・可児徳	大日本図書
1907(明治 40)年 10 月	『教育的 兵式体操書』	可児徳	出版者不明
1908(明治 41)年 1 月	『学校遊戯の理論及実際：附・国定教科準拠遊戯』	武田文三郎編・可児徳閲	隆文館
1908(明治 41)年 8 月	『鉄棒体操』	坪井玄道・可児徳	大日本図書
1908(明治 41)年 10 月	『小学校兵式体操書』	可児徳	晩成所（1909 年 9 月大野書店から再版）
1909(明治 42)年 1 月	『行進遊戯法撮要：附・ヴァイオリン進行曲』	佐川永三郎・香川玄太郎・可児徳閲	東京屋楽器部
1909(明治 42)年 4 月	『小学校運動遊戯』	坪井玄道・可児徳編	大日本図書
1909(明治 42)年－月	『鉄棒体操図解．第 6』	坪井玄道・可児徳	出版社不明(1 枚折りたたみ)
－年－月	『鉄棒体操図解．第 7』	坪井玄道・可児徳	出版社不明（1 冊折りたたみ，和装）
1910(明治 43)年 2 月	『体操発達史』	カール・オイレル，坪井玄道訳・可児徳抄訳	大日本図書
1910(明治 43)年 11 月	『実験ボール遊技三十種』	上原鹿之助編・永井道明・可児徳閲・矢沢米三郎訂	平本健康堂
1911(明治 44)年 5 月	『小学校女子行進運動』	坪井玄道・可児徳	大日本図書
1912(明治 45)年 2 月	『課外簡易体操』	可児徳	宝文館
1913(大正 2)年 6 月	『小学校遊戯の理論及実際』	可児徳・矢島鐘二	東京宝文館
1914(大正 3)年 1 月	『小学体操科教程：学校体操教授要目準拠』	可児徳	東京宝文館
1919(大正 8)年 2 月	『競技と遊戯：理論実際』	可児徳・石橋蔵五郎・寺岡栄吉	中文館書店
1920(大正 9)年 5 月	『体育学理講演集．第 1 集』	体育学理研究会編「心身の発達と体育」可児徳	体育学理研究会
1920(大正 9)年 11 月	『体育学理講演集．第 2 集』	体育学理研究会編「女子体育と遊戯論」可児徳	体育学理研究会
1921(大正 10)年—月	『体育学理講演集．第 3 集』	体育学理研究会編「古代希臘の体育」可児徳	体育学理研究会
1921(大正 10)年 4 月	『遊戯競技の実際』	可児徳・佐々木等	東京宝文館
1922(大正 11)年 7 月	『体育学理講演集．第 4 集』	体育学理研究会編「体育学上より見たる児童体育材料」可児徳	体育学理研究会

出版年	タイトル	著者および編者，訳者	出版社
1922(大正 11)年 5 月	『女子体操遊戯』	可児徳・高野常政	中文館
1922(大正 11)年 5 月	『日本遊戯の解説』	可児徳・高野常政	広文堂
1930(昭和 5)年 4 月	『体育原理』	可児徳・飯塚晶山	日本体育学会 (1935 改訂版)
1930(昭和 5)年 5 月	『Readings in physical education』	可児徳編	日本体育会
1931(昭和 6)年 12 月	『競技心理学』	C. R. グリフイス，可児徳・奥藤多蔵訳	日本体育学会

注）出版年は、いずれも初版時のものであり、タイトルの表記は、初版時のものにしたがう。

出典）大谷・野口・宮畑・今村編(1964，240－241 頁)、今村・宮畑編(1976，306 頁)、片岡・輿水・掛水監(1995，1－30 頁)等を参照。

◇教育雑誌および体育雑誌，新聞への掲載記事

発行年月	掲載原稿	書　名	頁
1901(明治 34)年 12 月	「筋肉の話」	『遊戯雑誌』第 3 号	2－8
1902(明治 35)年 10 月	「体温の話」	『遊戯雑誌』第 11 号	1－6
1906(明治 39)年 11 月	「改正体操に就て」	『教育研究』第 32 号	73-76
1907(明治 40)年 1 月	「改正体操について」	『教育研究』第 34 号	37-39
1907(明治 40)年 4 月	「体操遊戯観察録」	『教育研究』第 37 号	73-75
1907(明治 40)年 7 月	「改正体操に就きて」	『教育研究』第 40 号	61-65
1907(明治 40)年 7 月	「体操遊戯観察録」	『教育研究』第 40 号	79-81
1907(明治 40)年 10 月	「小学校に於ける体操遊戯」	『教育実験界』第 20 巻第 7 号	27-29
1907(明治 40)年 2 月	「改正体操について(続)」	『教育研究』第 35 号	37-41
1908(明治 41)年 1 月	「体操の教授につきて」	『教育研究』第 46 号	58-59
1908(明治 41)年 4 月	「体育上の諸問題」	『小学校』第 5 巻第 2 号	13－17
1909(明治 42)年 1 月	「文部教員検定試験所感 体操科の準備」	『内外教育評論』第 3 巻第 1 号	33
1909(明治 42)年 3 月	「体操教授雑感」	『教育研究』第 60 号	92-94
1909(明治 42)年 4 月	「体操教授雑感」	『教育研究』第 61 号	97-99
1909(明治 42)年 5 月	「体操教授雑感」	『教育研究』第 62 号	67-70
1909(明治 42)年 6 月	「文部省開催の師範学校教育科講習会の実地授業研究(承前)」	『教育研究』第 63 号	35-38
1909(明治 42)年 6 月	「体操教授雑感」	『教育研究』第 63 号	83
1909(明治 42)年 7 月	「体操教授雑感」	『教育研究』第 64 号	74-77
1909(明治 42)年 8 月	「体操教授雑感」	『教育研究』第 65 号	77-78
1909(明治 42)年 10 月	「体格論」	『教育研究』第 67 号	1-12
1909(明治 42)年 12 月	「体操教授雑感」	『教育研究』第 69 号	59-60
1909(明治 42)年 2 月	「脊椎及胸廓体操としての懸垂法斜垂法及斜持法」	『教育研究』第 83 号	89-91
1909(明治 42)年 3 月	「脊椎及胸廓体操としての懸垂法斜垂法及斜持法」	『教育研究』第 84 号	81-85
1910(明治 43)年 7 月	「体操家諸君に告ぐ」	『体育』第 200 号	10－19
1911(明治 44)年 1 月	「脊椎及胸廓体操としての懸垂法斜垂法及斜持法」	『教育研究』第 82 号	77-81
1911(明治 44)年 7 月	「反身法の価値」	『教育研究』第 88 号	29-33
1912(明治 45)年 7 月	「盲唖生の体育」	『教育研究』第 100 号	184-189
1912(大正元)年 8 月	「盲唖生の体育(続)」	『教育研究』第 101 号	21-25

発行年月	掲載原稿	書　名	頁
1913(大正 2)年 10 月	「可児講師体操講習会公演要項」	『岐阜県教育』第 231 号	29-38
1915(大正 4)年 7 月	「米国学生及び一般社会の体育状況 一斑対校運動プログラムの一例」	『中等教育』第 26 号	83-86
1916(大正 5)年 4 月	「市俄古大学対校競技次第書」	『中等教育』第 27 号	39-54
1918(大正 7)年 1 月	「最近米国の体育情況」	『教育研究』第 174 号	15-26
1918(大正 7)年 2 月	「米国帰朝談」	『教育研究』第 175 号	59-68
1918(大正 7)年 7 月	「夏は青春の季節」	『中学世界』第 21 巻 9 号	50-55
1918(大正 7)年 7 月	「最近に於ける米国の体育」	『帝国教育』第 432 号	62-65
1919(大正 8)年 1 月	「渡米所感(上)」	『岐阜県教育』第 294 号	4-10
1919(大正 8)年 2 月	「渡米所感(下)」	『岐阜県教育』第 295 号	2-6
1919(大正 8)年 5 月	「遊戯の価値」	『読売新聞』5 月 18 日	朝刊 3 面
1919(大正 8)年 6 月	「遊戯の価値」	『教育時論』第 1229 号	30
1921(大正 10)年 3 月	「大正 9 年度文部省中等教員検定試験に対する各科受験委員の感想と同今後受験者に対する注意」(「体操科」)	『教育界』第 20 巻第 5 号	17-18
1922(大正 11)年 3 月	「現代競技運動の起源」	『体育と競技』創刊 1 巻 1 号	34-38
1922(大正 11)年 4 月	「現代競技運動の起原」	『体育と競技』1 巻 2 号	50-53
1922(大正 11)年 5 月	「現代競技運動の起原」	『体育と競技』1 巻 3 号	27-31
1922(大正 11)年 11 月	「男女体育上の相異点」	『体育と競技』1 巻 9 号	26-29
1922(大正 11)年 12 月	「男女体育上の相異点」	『体育と競技』1 巻 10 号	31-34
1922(大正 11)年 12 月	「運動をせぬから日本婦人の体格が悪い」	『読売新聞』12 月 4 日	朝刊 4 面
1922(大正 11)年 12 月	「運動をせぬから日本婦人の体格が悪い(続)」	『読売新聞』12 月 5 日	朝刊 4 面
1923(大正 12)年 3 月	「ダンス、オブ、ジョイ」	『体育と競技』2 巻 3 号	69-71
1924(大正 13)年 3 月	「遊戯に就て」	『体育と競技』復興号 3 巻 1 号	28-31
1927(昭和 2)年 8 月	「お茶の水女高師問題についての所感」	『教育時論』第 1518 号	10-11
1933(昭和 8)年 1 月	「我邦体操ダンスの変遷」	『帝国教育』帝国教育会 創立 50 年記念号 639 号	108-111

出典）教育ジャーナリズム史研究会編（1987，1989，1992，1994）等を参照。

中京高等女學校學則（專攻科）

第一章　修業年限、生徒定員、學科課程及毎週授業時數

第一條　本校ニ左ノ專攻科ヲ置ク
家事裁縫專攻科、家事體操專攻科
第二條　修業年限ハ家事裁縫專攻科三ヶ年、家事體操專攻科二ヶ年トス
第三條　生徒定員ハ家事裁縫專攻科六十人、家事體操專攻科八十人トス
第四條　家事裁縫專攻科ノ學科目ハ修身、教育、家事、裁縫、國語理科、圖畫、體操、手藝トス
家事体操專攻科ノ學科目ハ修身、教育、家事、體操、國語、理科音樂トス
第五條　學科目ノ程度及其毎週教授時數ハ別表ニ據ル但教授時數ハ夏期休業前後通シテ二週間以内毎週十八時間マデ減縮スルコトアルヘシ

第二章　學期及休業日

第七條　學期ヲ定メルコト左ノ如シ
第一學期　四月一日カラ八月三十一日ニ至ル
第二學期　九月一日カラ十二月三十一日ニ至ル
第三學期　翌年一月一日ヨリ三月三十一日ニ至ル

第八條　休業日ヲ定ムルコト左ノ如シ
日曜日、祝日、大祭日
皇后陛下御誕辰日
本校開校記念日
東照宮祭日
熱田神宮祭日
夏期　七月二十一日ヨリ八月三十一日マデ
冬期　十二月二十五日ヨリ翌年一月七日マデ
學年末　一週間

第三章　入學退學及保證人

第十一條　家事裁縫專攻科及家事體操專攻科ニ入學スルコトヲ得ルモノハ左ノ資格ヲ有スルモノトス
修業年限四箇年以上ノ高等女學校本科卒業者
以上應募者ノ數募集人員ヲ超過スルトキハ修業年限四箇年ノ高等女學校卒業程度ニヨリ國語、數學、ノ二科目ニ就キ選抜試驗ヲ行フ
第十三條　入學志願者ハ第三號書式ノ入學願書及第五號書式ノ履歴書ヲ差出スヘシ
但シ家事體操專攻科入學志願者ハ別ニ第六號書式ノ身體檢査書ヲ添付スヘシ
第十四條　入學ヲ許可セラレタルモノハ一週間以内ニ保證人及副保證人ヲ定メ第七號書式ノ誓約書及戸籍抄本ヲ差出スヘシ

第十五條　正保證人ハ父母尊屬トシ尚ホ學校附近ニ於テ一家計ヲ立ツル成年以上ノ戸主ヲ以テ副保證人トナスヘシ

前項ノ副保證人ヲ不適當ト認ムルトキハ之レヲ變更セシムルコトアルヘシ

第十六條　保證人及副保證人ハ住所氏名若シクハ印章ヲ變更シタルトキハ直ニ届出ツヘシ

第十七條　己ムヲ得サル事情アリテ他ノ學校ヘ転學シ若クハ退學セントスルモノハ其事由ヲ詳記シ保證人若クハ副保證人連署ヲ以テ願出スヘシ

第十八條　病氣又ハ事故ニヨリ缺席セントスルトキハ保證人若クハ副保證人ヨリ其事由ヲ具シテ届ツヘシ

第十九條　左ノ各項ノ一ニ該當スルモノハ退學ヲ命ス

一、性行不良ニシテ改善ノ見込ナシト認メタルモノ

二、成業ノ見込ナシト認メタルモノ

三、出席常ナラサルモノ

第四章　成績考査

第二十條　各學年ノ過程ヲ修了又ハ卒業ヲ認ムルニハ其學年間ニ於ケル操行及學業ノ成績ヲ考査シテ之ヲ定ム

第二十一條　學期成績ハ一學期間ノ成績ヲ考査シ學年成績ハ各學期ノ成績ヲ考査シテ之ヲ定ム

第二十二條　家事裁縫専攻科及家事體操専攻科ヲ卒業シタルモノハ第二號書式ノ卒業證書ヲ授與ス

第五章　授業料、入學料

第二十三條　家事裁縫専攻科、家事體操専攻科ノ授業料ハ左ノ如シ

家事裁縫専攻科　第一學期金二十二圓、第二學期金二十二圓、第三學期金十六圓五十錢

家事體操専攻科　第一學期金二十六圓、第二學期金二十六圓、第三學期金十九圓五十錢

第二十四條　授業料ハ學期ノ始メニ前條ノ金額ヲ納付スヘシ

第二十五條　學校ノ休業全月ニ及フトキハ其月ノ授業料ヲ徴収セス第二十六條　病氣又ハ事故ニヨリ缺席若シクハ登校停止全月ニ亘ルモ在學中ハ授業料ヲ納ムヘシ

第二十七條　入學料ハ金五圓トシ入學ノ際之ヲ納付スヘシ

第六章　賞罰

第二十八條　生徒中他ノ模範トナルヘキモノハ之ヲ表彰ス

第二十九條　教育上必要ト認メタル生徒ニハ懲戒ヲ加フ　懲戒ハ譴責、退學ノ二トス

（第二號書式）

卒業證書

族籍
氏名
生年月日

右者本校　科（修業年限　箇年）ノ課程ヲ卒業セリ依テ之ヲ證ス

年月日

中京高等女學校長　内木玉枝㊞

番號

（第三號書式）

入學願　（用紙半紙罫紙）

私儀御校何科第一學年ニ入學志願ニ付御許可相成度別紙履歴書相添ヘ（父兄若クハ後見人）連署ヲ以テ此段相願上候也

原籍…………
現住所…………族籍
職業戸主某何女（或ハ姉妹等）
氏名
生年月日

年月日

住所
父兄（後見人）
氏名㊞

中京高等女學校長　内木玉枝殿

（第五號書式）

履歴書　（用紙半紙罫紙）

原籍…………
現住所…………族籍
職業戸主某何女（或ハ姉妹等）
氏名
生年月日

學業

一、何年何月何學校ニ入學シ何年何月何科卒業（又ハ何科何學年終了）證書
写シ別紙ノ通リ

業務

一、何々
一、何年何月ヨリ何年何月マデ何業ニ従事（又ハ學校ニ奉職）
一、現職　何々

賞罰

一、何年何月何々ノ件ニ付何々ノ賞（又ハ罰）ヲ受ク

右之通相違無之候也

年月日

右

氏名㊞

（第六號書式）

身體檢査書　（用紙半紙罫紙）

現住所

何某

生年月日

一、身　長

二、體　重

三、胸　囲

四、背　柱

五、發育概評

六、營　養

七、視　力

八、眼　疾

九、聽　力

十、耳　疾

十一、齒　牙

十二、疾　病

右之通相違無之候也

年　月　日　檢査

住所

何學校醫（學校醫ナキ地方ハ開業醫）

學位　若クハ

資格　　何某㊞

身體檢査ノ方法ハ大正九年文部省令第十六號學生生徒身體檢査規定ニ據ル

（第七號書式）

省印

三錢收

入印紙

誓約書　（用紙半紙）

私儀今般御許可ヲ得御校へ入學致候ニ就テハ御規則堅ク相守勤學仕ルヘキハ勿論中途転學等妄リニ申出間敷依テ誓約仕候也

原籍……………

現住所……………族籍

職業戸主何某何女（或ハ姉妹等）

氏名㊞

生年月日

右某御校在學中ハ御規程堅ク遵守致サスヘキハ勿論同人ニ係ル一切ノ事件ハ拙者ニ於テ引受ケ申可ク候依ツテ保證候也

原籍……………

現住所……………族籍

保證人　氏名㊞

原籍……………

現住所……………族籍

副保證人　氏名㊞

年　月　日

中京高等女學校長　氏　名　殿

家事體操專攻科課程表

學科目	每週時數	第一學年	每週時數	第二學年
修身	二	實踐倫理、作法	二	同上
教育	二	教育ノ原理	二	教授法、教育法令、心理學
家事	六	衣食住、實習、家庭管理、看護	六	育兒、經濟、家計簿記、實習
體操	一〇	體操、教練、遊戲、理論	一〇	體操、教練、遊戲、理論教授法
國語	二	講讀、作文	二	同上
理科	四	生理、衛生	六	同上、物理、化學、實驗
音樂	二	唱歌、樂器用法	二	同上
合計	二八		三〇	

家事裁縫專攻科課程表

學科目	每週時數	第一學年	每週時數	第二學年	每週時數	第三學年
修身	二	實踐倫理、作法	三	實踐倫理	一	實踐倫理、本邦法制
教育	二	心理學大要、教育ノ原理	二	教育ノ原理、授業法	二	教育實習、教育法令、學校衛生
家事	四	衣食住	四	管理、看護、育兒、實習	五	育兒、經濟、家計簿記、實習
裁縫	一三	裁縫、縫方、繕方	一三	同上	一六	同上
國語	二	講讀、作文	二	同上	二	同上
理科	二	生理、衛生	二	物理、化學	二	同上
圖畫	一	臨畫、寫生	一	寫生、圖案、美術史大要	—	
體操	二	體操、教練、遊戲	二	同上	二	同上
手藝	二	刺繡、編物	二	同上、袋物	—	
計	三〇		三〇		三〇	

附録 4）1923（大正 12）年の国華高等女学校学則

國華高等女學校學則

第一條　本校ハ高等女學校令ニ基キ女子ニ須要ナル高等普通敎育ヲ施シ婦德ヲ涵養シ身体健康ニシテ實際生活ニ適應スベキ女子ヲ養成スルヲ以テ目的トス

第二條　本校ハ國華高女學校ト稱ス

第三條　本校ノ修業年限ハ四ヶ年トス

第四條　本校ノ生徒定員ハ五百人トス

第五條　本校ノ學科目ハ修身、國語、英語、歷史、地理、數學、理科、圖畫、裁縫、音樂、體操、法制及經濟、手藝トス

第六條　各學年ニ於ケル各學科目ノ毎週授業時數ハ左表ノ如シ

學科目＼學年	第一學年 時數	第一學年	第二學年 時數	第二學年	第三學年 時數	第三學年	第四學年 時數	第四學年
修身	二	道德ノ要旨作法	二	同上	一	同上	一	同上
國語	六	講讀、作文文法 習字	六	同上	五	同上	五	同上
英語	三	發音、綴方 讀方、會話 譯解、書取	三	同上	三	讀方、譯解 書取、會話 文法、作文	三	同上
歷史	一	日本歷史	二	同上 東洋歷史	一	東洋歷史 西洋歷史	一	西洋歷史
地理	二	日本地理	一	外國地理	一	同上	一	同上
數學	二	算術	二	同上	三	代數、幾何	三	同上
理科	二	植物、動物	二	動物 生理衛生	三	生理衛生 鉱物	三	物理 化學
圖畫	一	寫生畫 考案畫	一	考案畫 幾何画法	一	同上		
家事					二	衣服、食料 住居、家事 衛生、實習	四	料理、育兒、看病 家事、經濟、□《不明》□《不明》 實習
裁縫	四	裁方、縫方 繕方	四	同上	四	同上	四	同上 ミシン使用法
音樂	二	単音唱歌	二	同上	一	同上、複音唱歌		
體操	三	體操、教練 遊戲	三	同上	三	同上	三	同上
法制及經濟							一	法制及經濟
手藝					一	編物、嚢物	一	同上
計	二八		二八		二九		三〇	

第七條　學年ハ四月一日ニ始リ翌年三月三十一日ニ終ル一學年ヲ分チテ三學期トシ第一學期ハ四月一日ヨリ八月三十一日迄

第二學期ハ九月一日ヨリ十二月三十一日迄

第三學期ハ翌年一月一日ヨリ三月三十一日迄トス

第八條　休業日ハ左ノ如シ

日曜日

祝日、大祭日

皇后陛下御誕辰日

靖国神社大祭日

本校創立記念日　四月二十五日

春期休業　四月一日ヨリ同七日迄

夏期休業　七月二十五日ヨリ九月五日迄
冬期休業　十二月二十五日ヨリ翌年一月七日迄
第九條　入學セントスル者ハ入學願書ヲ差出スベシ
第十條　第一學年ニ入學スルコトヲ得ル者ハ尋常小學校ヲ卒業シタル者又ハ年齢十二年以上ニシテ國語、算術、日本歴史、地理、理科ニ就キ尋常小學校卒業ノ程度ニヨリ本校ニ於テ行フ試驗ニ合格シタル者トス
第二學年以上ニ入學スルコトヲ得ル者ハ相當年齢ニ達シ相當ノ學力ヲ有スルモノタルベシ
前項ノ學力ハ本校ニ於テ試驗ニ依リ之ヲ檢定ス
第十一條　入學ヲ許可セラレタル者ハ保證人ヨリ在學證書ヲ差出スヘシ
前項保證人ハ東京府下ニ在住スル成人以上ノ者ニシテ一家計ヲ立ツルモノタルヘシ
但シ本校ニ於テ不適當ト認ムルトキハ其變更ヲ命ズルコトアルベシ
第十二條　各學年課程ノ修了及卒業ハ平素ノ學業及試驗ノ成績ヲ考査シテ之ヲ定ム
第十三條　本校所定ノ過程ヲ卒業シタル者ニハ卒業證書ヲ授與ス
第十四條　退學又ハ他ノ學校ニ転學セントスル者ハ其理由ヲ明記シテ保證人ヨリ願出ツベシ
他ノ高等女學校ヨリ轉學ヲ志願スル者アルトキハ欠員アル場合ニ限リ当該學校ノ學科程度如何ニヨリ其學力ヲ檢定シテ入學ヲ許可スルコトアルベシ
第十五條　生徒又ハ保證人ノ転居若シクハ異動ヲ生シタルトキハ其旨直チニ届出ツヘシ
第十六條　病氣其他ノ事故ニ由リ欠席遅刻早引シタルトキハ直チニ届出ツヘシ
第十七條　正当ノ理由ナクシテ引續キ一ヶ月以上欠席シタル者又ハ授業料ノ未納二ヶ月ニ亘レルモノハ學籍ヲ除ク
第十八條　不良ノ行為アリタル者ハ之ヲ戒飾シ其狀重キモノハ停學又ハ退學ヲ命ス
第十九條　左ノ各項ノ一ニ該當スル者ハ退學ヲ命ス
一　性行不良ニシテ改善ノ見込ナキモノ
二　成業ノ見込ナキモノ
三　出席常ナラサルモノ
第二十條　入學ヲ志願スル者ハ受驗料金二圓ヲ入學願書ト共ニ納メ入學ヲ許サレタル者ハ入學料金三圓ヲ在學證書ト共ニ納ムヘシ

第二十一條　授業料ハ一ヶ月金五圓校費一ヶ月金五十銭（八月ヲ除ク）トシ毎月五日（一月四月九月八十日）迄ニ納ムベシ

一旦納付シタル授業料校費入學料及受驗料ハ之ヲ返付セズ

第二十二條　入學願書在學證書及卒業證書ノ書式左ノ如シ

入學願書

本籍族称
現住所
何某何女等
何某
生年月日

一　家長ノ職業
一　學歴

右ハ今般御校何學年ニ入學志願ニ付受驗料相添ヘ此段願上候也

年　月　日
右
何某
保護者
何某　㊞

國華高等女學校長何某殿

在學證書

本籍族称何其何女等
何某
生年月日

右ハ今般御校入學御許可相成候ニ付テハ御校則堅ク相守ラセ候ノミナラズ本人在學中其ノ身上ニ關係スル一切ノ事件ハ私ニ於テ引受可申候也

年月日
住所職業
本人ト關係
保證人　何某　㊞
生年月日

國華高等女學校長何某殿

卒業證書

校印
族籍
何某
生年月日

右者本校所定ノ課程ヲ卒業セリ仍テ茲ニ之ヲ證ス

年月日
國華高等女學校長何某　㊞

第　號

附録5） 1934（昭和9）年の国華家政女学校学則

國華家政女學校學則

第一條　本校は家政實務に從事する女子に須要なる知識技能を授け兼て婦德を涵養し實際生活に適應すへき教育を施すを以て目的とす

第二條　本校は國華家政女學校と稱す

第三條　本校に家政科實務科を置く

第四條　修業年限は各科二ヶ年とす

第五條　生徒定員は各科百名つゝとす

第六條　學年は四月一日に始まり翌年三月三十一日に終る、一學年を分ちて三學期とし第一學期は四月一日より八月三十一日迄第二學年は九月一日より十二月三十一日迄第三學期は翌年一月一日より三月三十一日迄とす

第七條　休業日は左の如し

日曜日

祝日、大祭日

皇后陛下御誕辰日　六月二十五日

靖國神社大祭日　四月三十日、十月二十三日

本校創立記念日　四月二十五日

春期休業　四月一日より同月七日迄

夏期休業　七月二十一日より九月五日迄

冬期休業　十二月二十五日より翌年一月七日迄

第八條　各科の學科課程及毎週教授時數は左の如し

家政科

	第一學年 時數	第一學年 課程	第二學年 時數	第二學年 課程
修身	一	道德ノ要旨 作法	一	同上
國語	四	講讀、文法 作文	四	同上
英語	二	講讀、習字	二	同上
數學	二	算術、珠算	二	同上
裁縫	六	裁方、縫方 繕方	六	裁方、縫方 ミシン使用
家事	二	衣食住 家事經濟	二	育兒、衛生 看護、割烹
手藝	一	編物、嚢物	一	同上
計	一八		一八	

實務科

	第一學年 時數	第一學年 課程	第二學年 時數	第二學年 課程
修身	一	道德ノ要旨 作法	一	同上
國語	四	講讀、文法 作文、習字	四	同上
英語	四	講讀、會話 習字	四	同上
數學	三	算術、珠算	三	同上
簿記	一	商業簿記	一	同上
裁縫	三	裁方、縫方 繕方	三	同上
商業	二	商事要項 經濟	二	同上
計	一八		一八	

第九條　各學年課程の修了及卒業は平素の學業試驗の成績を考査して之を定む

第十條　本校各科所定の課程を卒業したる者には卒業證書を授與す

第十一條　各科第一學年に入學することを得る者は尋常小學校卒業者若くは年齡十二年以上にして尋常小學校卒業程度以上の學力あるものとす

第十二條　入學せんとする者は入學願書を差出すへし

第十三條　入學を許可せられたる者は在學證書を保證人より差出すへし

前項保證人は東京府下に在住する成年以上の者にして一家計を立つるものたるへし

但し本校に於て不適當と認めたるときは其變更を命することあるへし

第十四條　退學又は他學校に轉學せんとする者は其理由を明記し保證人より願出つへし他の學校より轉學を志願する者あるときは欠員ある場合に限り当該學校の學科程度如何により其學力を検定して入學を許可することあるべし

第十五條　生徒又は保證人の轉居若くは異動を生じたるときは其旨直ちに保證人より届出つべし

第十六條　病氣其他の事故に由りて缺席遅刻早引したるときは直に届出つべし

第十七條　正當の理由なくして引續き一ヶ月以上缺席したる者又は授業料の未納二ヶ月に亘れる者は學籍を除く

第十八條　不良の行為ありたる者は之を戒飾し其狀重きものは停學又は退學を命ず

第十九條　左の各項の一に該當する者は退學を命ず

一、性行不良にして改善の見込なきもの

二、成業の見込なきもの

三、出席常ならざるもの

第二十條　入學を許可せられたる者は入學料金二圓を在學證書と共に納むべし

第二十一條　授業料は一ヶ月金二圓校費一ヶ月金五十錢（八月を除く）とし毎月五日

（一月四月、九月は十日）迄に納むべし

一旦納付したる授業料校費入學料は之を返付せず

第二十二條　入學願書在學證書卒業證書の書式は左の如し

在學證書

三錢　本籍族稱
収入印紙　何某何女
何　某
年　月　日生

右者今般御校　科に入學許可相成候に付ては御規則堅く相守らせ候のみならず本人在學中其身の上に關する一切の事件は私に於て引受申候也

年　月　日

住所職業
本人との關係
保證人　何　某
年　月　日生

國華高等女學校長　殿

入學願書

本籍族稱
現住所
何某何女等
何　　某
年　月　日生
一、家長職業
一、學歴
右者今般御校　　科第一學年に入學志願に付此段願上候也
年　月　日
右　　何　　某
住所
保護者　何　　某
國華高等女學校長　殿

卒業證書

校印
族籍
何　　某
年　月　日生

[著者略歴]
越智久美子（おち　くみこ）
1976年生まれ。中京女子大学卒業後、名古屋大学大学院教育発達科学研究科博士後期課程満期退学。大学卒業後、南紀州新聞「悠々熊野」、紀南新聞「どこ吹く風か、世界遺産」、出羽三山神社報などに熊野三山信仰の歴史について掲載。2004年『渡 熊野よ順風に帆を揚げろ』（文芸社）刊行。
2005年『学校法人中京女子大学百年史』に「世代を結ぶ肩車」を執筆（以上、平野俊のペンネームを用いる）。
同年、中京女子大学伊達コミュニケーション研究所研究員（現・至学館大学コミュニケーション研究所）。
2007年より明治図書『現代教育科学』『心を育てる学校経営』『授業研究21』に寄稿、連載。2010年『教師に問われる「宗教教育」とは何か —「平和」「道徳」「愛国心」との関連から—』（明治図書）刊行（以上、平野久美子にて執筆）。2016年『私たちの戦争　中京高女の学徒動員と熱田空襲』（中日新聞社）刊行。
2014年より至学館大学健康科学部健康スポーツ科学科助教。

可児《かに》 徳《いさお》　日本の体育・スポーツのはじまりに関わった教育者

2019年9月30日　第1刷発行　（定価はカバーに表示してあります）

著　者　　越智 久美子

発行者　　山口　章

発行所　名古屋市中区大須 1-16-29
振替 00880-5-5616 電話 052-218-7808
http://www.fubaisha.com/
風媒社

＊印刷・製本／モリモト印刷　　乱丁本・落丁本はお取り替えいたします。

ISBN978-4-8331-4142-0